新型不可抗力事件建筑企业法律风险防控指引

蓝仑山　主编

中国建筑工业出版社

图书在版编目（CIP）数据

新型不可抗力事件建筑企业法律风险防控指引 / 蓝仑山主编. —北京：中国建筑工业出版社，2020.6
ISBN 978-7-112-25204-6

Ⅰ.①新… Ⅱ.①蓝… Ⅲ.①建筑法－研究－中国 Ⅳ.①D922.297.4

中国版本图书馆CIP数据核字（2020）第091871号

责任编辑：张礼庆
责任校对：王　瑞

新型不可抗力事件建筑企业法律风险防控指引
蓝仑山　主编
*
中国建筑工业出版社出版、发行（北京海淀三里河路9号）
各地新华书店、建筑书店经销
北京建筑工业印刷厂制版
北京建筑工业印刷厂印刷
*
开本：787×1092毫米　1/16　印张：13¾　字数：232千字
2020年8月第一版　　2020年8月第一次印刷
定价：**39.00**元
ISBN 978-7-112-25204-6
（35746）

前　言

——不可抗力，一个历久弥新的话题

在罗马法中，拉丁语"vis maior"就是汉语中的不可抗力。早在公元前81年，西塞罗写的《论寻找》中已经使用了这个表达，但这是在刑事方面逃避罪责的抗辩。在契约责任领域，是由拉贝奥创立了不可抗力免责抗辩这一学说的。后来，在优士丁尼《市民法大全》中，使用"vis maior"的法言达到19个之多。

我国古代《唐律　杂律》规定："雨水过常，非人力所防者"，行船"卒遇风浪，损失财物及杀伤人者"，不坐不偿。这是我国历史上较早的关于非人力所能防的自然灾害造成损害不罚罪、不赔偿的法律规定，可能是不可抗力作为法定免责事由在我国的最早的成文法记载。从新中国立法情况来看，1981年颁布的《中华人民共和国经济合同法》第二十七条第一款第 5 项规定："由于不可抗力或由于一方当事人虽无过失但无法防止的外因，致使经济合同无法履行"的，允许变更或解除经济合同。这应该是中华人民共和国关于不可抗力的最早立法规定。

不可抗力作为民法中的法定免责事由，随着时间的推移和历史经验的不断积累，法学界对于不可抗力已经有了较为成熟的认识。正因为其成熟，故我国理论界和实务界一直对此问题不够重视，认为已经没有多少再进行研究的空间和必要。然而随着近些年科学技术的进步和国际经济贸易的加深，人类社会生活有了较大的变化，近年来司法实践中也出现了一些之前没有遇到过的不可抗力类型。较为典型的就是 2019 年底出现，2020 年初暴发的新冠疫情。这些新型不可抗力事件发生后，我们才发现，其实原来的不可抗力理论和实践积累还不足以应对这些事件带来的冲击和挑战。

新冠疫情是新型冠状病毒肺炎疫情的简称，是我国自 2003 年"非典"疫情以来最重大的公共卫生事件。新冠疫情发生后，我国政府采取了有效的防控政策和措施。在全体人民的共同努力，尤其是在广大医护人员不顾个人安危的英勇奋战之下，国内疫情得到了有效控制。但是，新冠疫情已经成为世界性的疫情，其对我国经济运行的不利影响、对人民健康的威胁仍在持续。

随着新冠疫情的暴发，新冠疫情是否构成不可抗力，以及相应的民事权利义务会受到怎样的影响也成为社会议论的焦点。由于此次新冠疫情有着与以往的不可抗力事件不同的特征，其表现主要是新冠病毒的传染性极强、致死率较高，而防控的主要手段是隔离与个人防护，此次新冠疫情对经济和社会的影响是全面的、长期的、国际性的，这与法学界通常认为的自然灾害、社会事件等不可抗力事件存在较大的不同，将之作为不可抗力处理会对合同关系等民事权利义务关系产生什么样的影响也存在一定争议。

建筑企业作为劳动密集型企业，无论在国内疫情防控期间还是在国内疫情结束之后，均会受到严重影响，疫情对建筑企业带来的法律风险与挑战不容忽视。且随着疫情在国外的暴发，有涉外工程的建筑企业不仅要关注国内疫情带来的影响，也不能忽视国外疫情带来的影响。并且，此次新冠疫情的影响也对建筑企业应如何应对日后可能发生的新型不可抗力事件带来的法律风险有一定参考价值。

借此契机，本律师团队结合《民法典》《民法总则》《合同法》《建筑法》等相关法律法规，疫情期间各级人民政府及住房和城乡建设主管部门所发布的行政规范性文件，以及各地法院所发布的涉疫情案件司法指导意见，形成本书，旨在以新冠疫情带来的影响为例，指导建筑企业在类似新冠疫情的新型不可抗力事件发生后，如何提起索赔、应对反索赔、处理相应的诉讼、仲裁案件，如何应对该类事件带来的法律风险。

本书注重建筑企业的法律实务需求，对建筑企业如何主张停工期间损失赔偿、施工期间疫情防控费用、施工期间管理费用增加、疫情期间及之后发生的人材机价格上涨费用、赶工费用支出、合同解除等索赔事项进行了详细的分析，对建筑企业如何应对发包人可能提出的工期违约责任、质量违约责任、可能的价格下降导致的合同价款调低等反索赔事项亦有深入的剖析，本书对建筑企业的相关权利主张，既提供了理论和法律支撑，又提出了实操建议和实用文书。

在建筑企业相应权利主张未能获得发包人认可情况下，本书提出了相应的协商谈判的路径和方法。在建筑企业确实无法通过协商维护其合法权益情形下，本书就建筑企业如何处理纠纷案件提供了详细的诉讼仲裁方案，包括如何进行诉前准备、何时发动诉讼仲裁、如何搜集和组织证据、如何提出诉讼仲裁请求、如何主张优先受偿权、如何提出司法鉴定、如何应对发包人的抗辩及反诉或反请求、如何处理调解和选定仲裁员等程序问题、如何进行庭审辩论、如何撰写诉讼文书等全面、翔实内容，能为建筑企业提供操作指南、方案交底式的帮助。

需要向读者朋友们说明的是：不可抗力在我国的传统定义包括"不可预见、不能避免、不能克服"三个特征，既然是不可预见，那么，在某个新型的不可抗力发生之前，是不是就无法进行分析和研究呢？其实不然，从法学历史发展的情况来看，不可抗力更应该强调的是"不可抗拒"，而不是"不可预见"，"不可预见"更适合于作为"意外事件"的核心要素，本书在正文中将对此进行分析。故此，我们认为，对于新型不可抗力，实有提前进行研究的必要，亦有提前进行研究的可能。

"礼之用，和为贵"。正如我们一贯所强调的，此次新冠疫情对我国经济的损害非常严重、影响范围非常广，建筑企业在主张自身权利的同时，也要考虑到作为发包人同样遭受了巨大的损失，尤其是旅游、餐饮、服务等行业，房地产企业也遭受了不同程度的影响。因此，我们建议，建筑企业在主张权利时，首先要通过友好协商来处理，提出的权利主张要合法、合理、公平，"和为贵"方能带来长久的生意，诉讼仲裁程序只应在通过协商确实无法解决时方能启动。

本书适合于建筑企业在处理施工承包项目、工程总承包项目、PPP项目在处理涉不可抗力事务时作为工具书使用，对工程项目的发包人、分包单位、监理单位、设计单位、工程造价咨询单位、审计单位、工程顾问单位、材料设备供应单位等项目相关参与方亦有一定的参考价值。

最后，借本书出版之机，我们向因感染新冠肺炎而去世的人们表示深切哀悼！向在抗击疫情中英勇战斗的白衣战士们表示最崇高的敬意！向在抗击疫情中迅速建立起救灾医院的建设者们，在病毒感染威胁下仍坚守在建设岗位上的建设者们表示最崇高的敬意！我们祈愿天下再无新冠病毒！

蓝仑山律师团队
2020 年 6 月 6 日

目　录

第一章

新型不可抗力事件概述

第一节　不可抗力的内涵

一、不可抗力的概念

不可抗力在罗马法以及我国古代法律制度中均有迹可循，而作为一个现代法律概念最早出现于法国民法，后经德国民法发展，逐渐在法律后进国家被接受。我国在 1985 年公布的《中华人民共和国涉外经济合同法》第二十四条第三款规定："不可抗力事件是指当事人在订立合同时不能预见、对其发生和后果不能避免并不能克服的事件。"1986 年公布的《民法通则》中对不可抗力的定义稍作修改，《民法通则》第一百五十三条规定："本法所称的'不可抗力'，是指不能预见、不能避免并不能克服的客观情况。"在 1999 年公布的《合同法》以及在 2017 年公布的《民法总则》中均沿用了《合同法》中的定义。

刚刚通过的《民法典》沿用了上述定义，其第一百八十条规定："因不可抗力不能履行民事义务的，不承担民事责任。法律另有规定的，依照其规定。

不可抗力是不能预见、不能避免并不能克服的客观情况。"需要说明的是，《民法典》刚刚通过，且即将实施，由于《民法典》中有关不可抗力的规定与《民法总则》《合同法》等现行法律规定基本相同，就《民法典》与《合同法》以及《民法总则》均有规定的事项，本书优先引用《民法典》，但本书的理论同样适用《民法典》实施前的法律问题。

从上述规定可以看出，我国民法中有关不可抗力的定义较为原则化，在实践中如何判断特定事件是否构成不可抗力，还有赖于法官的进一步解释和自由裁量。上述标准通常被称为"三不能""一客观"。

（一）主观上不能预见

构成《民法典》合同编中的不可抗力的事件首先应是当事人在订立合同时不可预见的，此即不可抗力的不可预见性。对于不可预见的判断标准通常有客观标准和主观标准两种标准，客观标准即以社会一般大众的预见能力为标准，主观标准则以特定合同当事人的能力、经验、学识等为基础形成的预见能力作为标准。而我们认为，此处的判断标准应是合同订立领域的一般当事人的判断标准。

不可抗力的不可预见性理论基础在于，对于特定事件，如当事人在签订合同时，对该事件的发生可以合理预见，那么即认为当事人在签订合同时已将该事件发生的风险纳入了考量，默认对该事件发生的风险承担责任。也因此，对于可预见的事件，不能以不可抗力的理由免责。

然而事实上，对于不可抗力的不可预见性标准的要求并不是那么严格。原因在于对于不可抗力的不可预见性的判断通常是比较模糊的。且随着科技的飞速发展，不可预见性的边界越来越模糊。科技的进步带来的是人们生活方式的改变，无论是对于自然现象还是社会事件，可预测程度都随着科技手段的发展有了极大的提升，许多事件不再是无迹可寻。比如台风、海啸、暴雨、暴雪等自然现象的发生时间、破坏程度等，都是可以通过科学手段提前了解到的。随着大众传媒与信息技术的发展，社会事件的发生与否在一定程度上也可以得到预判，比如战争、敌对行动等事件在发生前通常会有开战双方一定的摩擦。如果以事后系统、科学分析的方式研究，则可能会发现所有的事件在发生前均有迹可循。

而另一方面，对于特定事件来讲，即便当事人对于该事件在合同签订时可以预见，但如当事人并不能事先控制该事件是否发生、何时发生，也不能事先采取行动避免该事件给合同履行带来的影响，则在该事件发生后，也应允许当事人以不可抗力免责。例如我国东南沿海地区的台风，几乎所有在台风易发地区居住的人，对于夏季发生的台风均应有一定的预见性，但并不妨碍具有较大影响的台风仍可构成不可抗力事件。

也因此，很多学说认为，不可预见性不应继续作为不可抗力的判断标准之一，而取而代之应以"不可抗拒性"作为替代标准。一方面，这一标准避免了不可预见性在现代生活中的标准模糊的问题，另一方面，不可抗拒的事件通常已涵盖了不可预见的事件，因为不可预见的事件都是不可抗拒的，同时也纳入了当事人无法控制、无法规避但可以有所预见的事件类型。甚至更进一步，有学者认为认定不可抗力仅需考察不可抗拒性即可，而无需考察传统的三不能一客观规则，因为不可抗拒性已经包含了"不能预见、不能避免、不能克服"。

在国际通用的工程领域合同，即 FIDIC 所出版的几版合同条件中，有关不可抗力的条款没有使用不可预见的用语，而对应使用"一方无法控制"，且"该方在合同签订前亦无法合理防范"的要件。虽然很多学者认为这两个标准就等同于我国不可抗力构成要素之一的不可预见性，但事实上这两个标准更适合不可抗拒性的概念。

(二) 客观上不能避免、不能克服

构成《民法典》合同编上的不可抗力事件，在客观上要求当事人不能避免、不能克服。对于特定事件的发生不能避免、不能克服，与对特定事件造成的后果不能避免、不能克服是两个概念，我国《民法典》中对不可抗力的定义并未明确这一点。在多数语境下，两种理解所产生的后果并无差别。但我们更倾向于第二种理解。FIDIC 出版的几版合同中对不可抗力的定义之一也均表述为"发生后，一方无法合理避免或克服"。这两个要件要求负有作为义务的一方，在相应事件发生后必须采合理措施规避该事件，进一步地履行其作为义务，而不能消极等待事件的发展，过后以不可抗力为由要求免责。例如某货运合同在履行过程中，因山体滑坡导致预定道路被封堵，承运方应首先合理找寻其他道路运送货物，而不能消极等待，以不可抗力导致道路被封为由不继续送货。

与不可抗力的不能预见性一样，对不能避免与不能克服的要求亦不应过于严格，在特定事件发生后，当事人应尽合理措施规避该事件所造成的影响，但如所有的规避措施所需要花费的成本均远远高于合同义务本身的价值，那么就不应苛求当事人这么做。仍以货运合同为例，如因山体滑坡导致绝大多数道路均被封锁，承运方仅能以空运形式运送货物，所需成本过高，且货物本身并无多大价值，那么承运方仍可以不可抗力为由进行免责。

（三）客观上并非合同双方所造成

构成《民法典》合同编上的不可抗力事件，要求该事件的发生与合同双方均无关，并非合同双方故意或过失导致的。如在货运合同中，承运人不能以己方货运司机罢工为由主张不可抗力免责。

通过上述内容的分析可以看出，对于某特定事件，对于特定当事人来讲可能是不可抗力，但对于其他当事人来讲未必是不可抗力。具体是否构成不可抗力需要以当事人履行特定义务时所受到的影响来判断。

二、不可抗力的法律效果

（一）民法上的免责事由

不可抗力的法律效果中，最为重要的就是不可抗力的免责规则。

《民法通则》一百零七条规定："因不可抗力不能履行合同或者造成他人损害的，不承担民事责任，法律另有规定的除外。"《民法总则》第一百八十条第一款规定："因不可抗力不能履行民事义务的，不承担民事责任。法律另有规定的，依照其规定。"《民法典》沿用了上述规定。从上述规定来看，不可抗力免责适用于所有民法义务，因不可抗力不能履行民事义务的，不承担民事责任，但该规则在现实中主要应用于合同责任。

我国原《合同法》以严格责任为原则，《民法典》第五百七十七条（原《合同法》第一百零七条）规定："当事人一方不履行合同义务或者履行合同义务不符合约定的，应当承担继续履行、采取补救措施或者赔偿损失等违约责任。"该条的规定并未区分当事人是否有过错，合同义务人违约责任的承担，并不以合同义务人存在故意或过失为前提。例如在货运合同中，承运方因为他方造成的交通事故原因，未能在约定时间将货物运达目的地，按照合同约定，应当向托运人承担相应的违约金，而承运方在诉讼中抗辩说并非因己方过错导致货物运送延迟，货物运送延迟是因第三方的原因导致的。在我国原《合同法》的解释下，承运方的抗辩并无法律依据，不会被法官支持，承运方仍要按照合同约定承担相应的违约责任。

但不可抗力是合同严格责任的一个例外情形，即在合同义务人因不可抗力导致合同义务不能履行或不能按约履行时，义务人可以以不可抗力为由免除违约责任。《民法典》第五百九十条（原《合同法》第一百一十七条）规定："当事人一方因不可抗力不能履行合同的，根据不可抗力的影响，部分或者全部免除责任，但是法律另有规定的除外……"

不可抗力并不直接产生免除合同义务的效果，但可直接产生免除未履行义务、未按约履行义务的违约责任，并且不可抗力的免责也是有限的，免责的范围由义务履行受不可抗力的影响而决定。在不可抗力导致义务完全不能履行的情形下，不可抗力免除义务人不履行义务的违约责任，在不可抗力导致义务不能按约履行的情形下，不可抗力免除义务人迟延履行或瑕疵履行的违约责任，免除违约责任的情形下，义务人仍应继续履行义务。实践中，存在部分观点认为不可抗力发生后，义务就可以完全不履行，这种理解是错误的。

（二）合同解除的法定条件

合同为当事人之间对各方权利义务的约定，对签订者具有约束力，除非合同各方协商一致，否则原则上不可以单方解除。在特定情况下，合同一方会享有单方解除权，单方解除权分为两种，一种是约定解除权，一种是法定解除权。约定解除权即合同一方在符合约定条件的情况下，享有的单方解除权，法定解除权即合同一方在符合法律规定的情形下，享有的单方解除权。

不可抗力是法定解除权的一种。《民法典》第五百六十三条（原《合同法》第九十四条）规定："有下列情形之一的，当事人可以解除合同：（一）因不可抗力致使不能实现合同目的……"即在因不可抗力导致合同目的不能实现的情况下，当事人可以单方解除合同。

按照上述规定，如合同受不可抗力影响严重到合同目的不能实现的程度，则合同双方均有权行使单方解除权解除合同。如在房屋租赁合同中，房屋因地震原因灭失，则出租方和承租方均有权单方通知对方解除合同。

但现实中，经常存在一方利用不可抗力，在未达到"合同目的不能实现"的情形下恶意解除合同的情形，在这种情况下，该方通常乃是受利益驱使而做出的单方违约的行为。如同样在房屋租赁合同中，受新冠疫情影响，承租方在一个月左右的时间内无法经营，不能正常使用房屋，同时承租方预判到经济下行，以后生意并不好做，故而产生了不再继续经营的想法，因此单方通知出租方解除合同。在这种情形下，承租方显然没有单方解除合同的权利，因为不可抗力的影响并未达不能实现合同目的的程度。承租方通知出租方解除合同的行为事实上是一种违约行为。

合同目的不能实现的判断存在多种解释角度，包括合同目的是单方目的还是双方目的，合同目的是主观目的还是客观目的等。实践中，合同目的是否不能实现的判断并不是那么清晰，需要法官根据实际情况作出裁判。

（三）法定的诉讼时效中止事由

在诉讼时效的规则下，民事权利受到侵害的权利人应当在法定的诉讼时效期间（《民法典》中规定的一般时效为三年）行使权利，当诉讼时效期间届满，债务人即可获得时效抗辩权，债务人主张时效抗辩的，人民法院对于权利人的权利不再保护。

不可抗力是诉讼时效中止的法定事由。按照《民法典》第一百九十四条（原《民法总则》第一百九十四条）规定，在诉讼时效届满前的六个月内，当事人因不可抗力原因不能行使请求权的，诉讼时效自因不可抗力不能行使权利的原因消除之日起满六个月，诉讼时效期间届满。

以上三点即不可抗力在《民法典》中的主要规则，不可抗力也通常与风险分担、情势变更规则等相关，有关这些内容，本书会在其他章节中详细论述。

第二节　不可抗力的外延

一、不可抗力的多样性

我国《民法典》《民法通则》《民法总则》《合同法》等虽然定义了不可抗力，但这些规定原则性较强，并未对其具体内容、范围作出规定，事实上，由于不可抗力的不可预见性，客观上立法也无法对不可抗力的范围作出规定，对不可抗力的情形进行穷尽。在社会实践中，不可抗力的涉及范围很广，具有多样性。

理论和实践中，一般将不可抗力分为自然事件和社会事件两类，对自然事件的范围争议较小，但对社会事件的理解不一，争论较大。社会事件的分类也极为广泛，形成共识的有战争、暴乱、军事行动等；但对政府行为、罢工等社会事件是否属于不可抗力，具有较大的争议。

二、不可抗力的分类

从立法层面来看，我国法律并没有对不可抗力的范围进行列举式的规定；从学理上来看，不可抗力的范围大致包括自然灾害、社会事件、政府行为等。目前，为学术界以及司法实践所认可的构成不可抗力的情形大致有以下几种：

1. 自然灾害，如地震、海啸、台风、洪水等。《牛津法律大辞典》对自然灾害的定义是"自然灾害是指独立于人们意志以外发生的事件，它是人类预见力和防范力在合乎情理的条件下所不能及的，或至少是防止或避免不了的"。从该定义可见，自然灾害的特征与构成不可抗力所需要的"不能预见性、不能避免性、不能克服性"是重合的，因此，在立法届和学术界，一般将自然灾害认定为不可抗力的类型之一。

2. 社会事件，如战争、武装动乱、罢工等。在现代社会实践中，遇到上述社会事件等情况少之又少，但是，这几种情形仍然被认为是不可抗力范围，一些异常社会事件等发生，能够认定为不可抗力的类型。

3. 政府行为。政府行为主要是指由于政府出台的一些政策、法律、行政措施等，导致合同不能履行的情形。这种情形是否能够构成不可抗力，是具有一定的争议的。有观点认为，将政府行为纳入不可抗力的范围，将导致不可抗力的范围过于扩大，且政府行为是否具备"不可预见、不可克服"的特征，是有待商榷的，因此，政府行为不属于不可抗力的范围。我们认为，政府行为能否构成不可抗力，需要结合具体情形进行分析。当政府的行为符合不可抗力的构成要件，且确实导致当事人合同无法履行时，政府行为是可以构成不可抗力的。

4. 传染病、瘟疫等无法预见的疾病。传染病、瘟疫等不可预见的疾病，从特征上来看，符合不可抗力的构成要件，一般也是不可抗力的类型之一。如2003年席卷全国的"非典"疫情，最高人民法院出台了《关于在防治传染性非典型肺炎期间依法做好人民法院相关审判、执行工作的通知》，其中第三条"依法妥善处理好与'非典'防治有关的民事案件"中就明确规定：由于"非典"疫情原因，按原合同履行对一方当事人的权益有重大影响的合同纠纷案件，可以根据具体情况，运用公平原则处理。因政府及有关部门为防治"非典"疫情而采取行政措施直接导致合同不能履行，或者由于"非典"疫情的影响致使合同当事人根本不能履行而引起的纠纷，按照《中华人民共和国合同法》第一百一十七条和第一百一十八条的规定妥善处理。本次新型冠状病毒疫情，也被认为构成不可抗力。全国人大常委会法工委发言人认定新冠疫情属于不可抗力。"当前我国发生了新冠肺炎疫情这一突发公共卫生事件。为了保护公众健康，政府也采取了相应疫情防控措施。对于因此不能履行合同的当事人来说，属于不能预见、不能避免并不能克服的不可抗力。根据合同法的相关规定，因不可抗力不能履行合同的，根据不可抗力的影响，部分或者全部免除责任，但法律另有规定的除外。"

三、有成熟认识的不可抗力事件

虽然学理上和实践中对不可抗力的范围和认定存在着一定的争议，但对于历史多次发生、相关合同条款中有明确约定、对其影响有深入研究的不可抗力事件是具有比较成熟的认识的，因此，对于不可抗力的分类意见比较统一。即不可抗力事件主要分为自然事件和社会事件两大类。虽然两大类别下具体包含的内容一直以来都存在着争议，对于具体界定标准的说法也有所不同，导致实践中对不可抗力的认定存在一定的困难，但作为自然事件和社会事件的不可抗力类别，由于其中大多数内容已经在历史上多次发生，人们在一定程度上较为熟悉、了解，并通过对其特征、界定、影响等进行深入的研究，形成了对不可抗力事件的风险识别，进而逐步在经济社会中予以落实，形成了现有合同常规的不可抗力条款。下文中，我们通过以下几种情形的风险识别标准入手，简要介绍已有成熟认识的不可抗力事件的界定标准。

（一）自然灾害的风险识别与界定

1. 地震的风险识别与界定

地震是一种极其普通的自然现象，也是一种比较常见的自然灾害。据统计，地球上每年约发生 500 多万次地震，即平均每天发生近两万次地震，而真正对人类生活产生影响的地震，则在少数。但是，一旦地震等级较高，具有较强的破坏性时，就会对人类生活产生影响，造成经济损失和人员伤亡。因此，判断地震在何种情形下构成不可抗力，对经济社会而言，是比较重要的。

从世界范围内主要国家的民法典来看，很多国家明确规定了地震是不可抗力的一种形式，一般都认可地震是不可抗力或者不可归责于债务人的主要形式。但是，应当注意的是，司法实践中的主要观点是，并不是所有地震都可以构成不可抗力，而是要达到一定的要求，地震才能被认定为构成不可抗力。比如，地震的等级大小、破坏程度、波及范围，以及是否是合同不能履行的直接原因等。

在地震学中，一般用地震震级表示地震的大小，我国一般采用里氏震级来确定地震的震级。根据不同强度地震的破坏能力，震级进一步划分下列5个级别（表1-1）。

表 1-1

名称	震级范围	破坏程度
超微震	小于 1 级	人们不能感觉，只有用仪器才能测出
微震	1～3 级	只有用仪器才能测出
小震	3～5 级	人们可以感觉，故有时也称有感地震，但一般不会造成破坏
中震	5～7 级	该级别地震可造成不同程度的破坏
大地震	大于 7 级	该级地震可造成十分严重的破坏

在地震学中，一般用地震烈度表示某一地区地震对地表及工程建（构）筑物的破坏影响的强弱程度。我国将地震烈度分为12度。震级与烈度，两者虽然都可反映地震的强弱，但含义并不相同。同一个地震，震级只有一个，但烈度却因地而异，不同的地方，烈度值不一样。地震烈度是判断地震的破坏力以及波及范围的重要指标，在判断对震中以及周边地区的影响、能否构成不可抗力时需要予以参考。

根据上文的地震震级和地震烈度的划分，可以较为直观地看出，一般震级在5级以下的地震，对地面及地面建（构）筑物几乎没有破坏力，不论是对人员还是经济的破坏程度都极其轻微，几乎可以忽略不计。虽然地震是不能预测、不可避免的自然事件，但根据人类社会长久以来的经验来看，5级以下的地震，作为自然事件的一种，首先，并不能构成灾害；其次，是人类社会完全可以克服的自然事件。不论是从地震的客观破坏程度来说，还是从法律角度来讲，5级以下的地震，一般难以构成不可抗力（实践中仍需结合个案具体情形来分析）。

根据地震震级的划分，5～7级地震在震级上已经构成了中级地震，会造成不同程度的破坏，大于7级的地震，为大地震，可造成十分严重的破坏。然而，这样的地震是否能够构成不可抗力，并非一概而论的。比如，2008 年发生的汶川特大地震，震级为里氏 8 级，震中烈度为 11 度，从不可抗力的特征来看，汶川地震完全符合不可预见、不可避免及不可克服，可以构成不可抗力。但是，从地震波及的范围来讲，如何界定地震造成的不可抗力，在实践中，也是需要法官来进行判断的。比如，震中如汶川及周边，可以适用不可抗力，而对于北京、上海、广州等地而言，地震的影响力并不因此而阻却合同的履行，因此，远离震中的地区主张不可抗力免责一般不能得到支持。

杨立新教授认为判断地震是否运用不可抗力免责应有以下三个标准：第一，将国家规定的灾区范围作为是否运用的一般标准。第二，将特定的地震烈度和具体损害后果作为具体标准。第三，对于当事人自己的地震损害，应当运用不可抗力规则的要件，判断是否属于不可避免、不能克服的状况。

综上，我们认为，判断地震是否构成不可抗力，首先需要参考地震的等级、烈度等指标；其次应当判断其波及范围；最后，应当查明地震是否是合同不能履行的直接原因。

2. 台风的风险识别与界定

根据中国气象局"关于实施《热带气旋等级》国家标准 GB/T 19201—2006 的通知"，热带气旋按中心附近地面最大风速划分为超强台风、强台风、台风、强热带风暴、热带风暴、热带低压六个等级。台风等级划分见表 1-2。

表 1-2

热带气旋等级	底层中心附近最大平均风速（m/s）	底层中心附近最大风力（级）
热带低压（TD）	10.8～17.1	6～7
热带风暴（TS）	17.2～24.4	8～9
强热带风暴（STS）	24.5～32.6	10～11
台风（TY）	32.7～41.4	12～13
强台风（STY）	41.5～50.9	14～15
超强台风（SuperTY）	51.0	16 或以上

台风等级的大小与风速和风力直接相关。风力是指风吹到物体上所表现出的力量的大小。一般根据风吹到地面或水面的物体上所产生的各种现象，把风力大小分为 13 个等级，最小是 0 级，最大为 12 级。根据我国的风力划分，8 级以上的大风才具有一定的破坏力，具体表现为：8 级大风，折毁树枝；

9 级烈风，小损房屋；10 级狂风，拔起树木；11 级暴风，损毁重大；12 级飓风，摧毁极大。据此，不同等级台风的破坏力是具有较大区别的。

根据我国法律规定，不可抗力是指"具有不能预见、不能避免且不能克服的客观情况"，而台风作为现代科技可以预测到的自然现象，是否属于不可抗力，存在一定的争议。事实上，司法实践中，常见的观点是，对于一部分台风，由于其具有极大的破坏力，以及台风引起了洪灾等无法预测、无法避免、无法克服的次生灾害，可以认定为构成不可抗力。结合我国风力的等级划分以及台风等级的划分，台风能否构成不可抗力，是需要根据其级别、强度以及损失来进行认定的。比如，2018 年 9 月 15 日 18 时，经广东省政府同意，广东省防总将防风 2 级应急响应提升至 1 级，广东省政府向全社会发布了紧急动员令，采取"停工、停业、停市、停课、停运"等应急措施。2018 年 9 月 16 日 17 时，第 22 号台风"山竹"中心携狂风暴雨大潮登陆台山海宴镇，登陆时中心附近最大风力 14 级（45m/s），在历年登陆广东省的台风威力中排名第六。受"山竹"影响，广东省出现狂风、暴雨、超警洪水及风暴潮，珠江三角洲南部、粤东市县等出现暴雨到大暴雨，局地特大暴雨。此种情形下，"山竹"完全符合不能预见、不能避免、不能克服三个构成要件，构成不可抗力。

3. 暴雨、暴雪的风险识别与界定

根据国家气象局的划分，降雨的等级见表 1-3。

表 1-3

降水等级用语	12 小时降水总量（mm）	24 小时降水总量（mm）
毛毛雨、小雨、阵雨	0.1～4.9	0.1～9.9
小雨～中雨	3.0～9.9	5.0～16.9
中雨	5.0～14.9	10.0～24.9
中雨～大雨	10.0～22.9	17.0～37.9
大雨	15.0～29.9	25.0～49.9
大雨～暴雨	23.0～49.9	38.0～74.9
暴雨	30.0～69.9	50.0～99.9
暴雨～大暴雨	50.0～104.9	75.0～174.9
大暴雨	70.0～139.9	100.0～249.9
大暴雨～特大暴雨	105.0～169.9	150.0～239.9
特大暴雨	≥140.0	≥250.0

降雪等级标准通常是指在规定时间段内持续降雪或降雪量折算成降雨量为等级划分的标准。该标准一般采用持续时间12小时和24小时两种（表1-4）。

表1-4

降雪等级用语	12 小时降水总量（mm）	24 小时降水总量（mm）
小雪	0.1～0.9	0.1～2.4
小雪～中雪	0.5～1.9	1.3～3.7
中雪	1.0～2.9	2.5～4.9
中雪～大雪	2.0～4.4	3.8～7.4
大雪	3.0～5.9	5.0～9.9
大雪～暴雪	4.5～7.4	7.5～14.9
暴雪	≥10	≥10

此外，降雪量与积雪深度的对应关系：当降雪落地后无融化时，一般而言，在北方地区 1mm 降雪可形成的积雪深度有 8～10mm，在南方地区积雪深度有 6～8mm。

暴雨、暴雪等自然现象，几乎完全可以通过科学手段进行预测，但是在个案中，也应当结合当事人签订合同的具体时间等来加以判断。如 2008 年我国南方发生的暴雪、冻雨等自然灾害，完全符合不能预见、不能克服、不能避免的情形，构成不可抗力。

综上，不可抗力作为一种不能预见的不确定性风险，其概念、范围、确认标准具有极大的争议，需要结合具体情况进行分析。尤其是自然灾害在何时可以构成不可抗力，除需要从法律上进行完善以外，更需要结合自然灾害发生地的综合情况加以判断。在现代社会，已有更加科学的手段可以用来辅助法学上不可抗力的风险识别，比如上文中列举的对地震、台风、暴雨、暴雪的级别划分，一方面以科学手段对自然现象进行分类，另一方面也是结合了上述自然现象对人类社会活动的影响情况所做出的分类标准。因此，我们认为，在认定自然事件是否能够构成不可抗力时，需要结合当地的自然情况，比如连续多日的刮风、雨雪是否影响到了当地居民的日常生活；地震、台风、暴雨、暴雪是否是当地的常见自然现象，若该现象如果为当地居民所熟识、能够接受并克服，则不能构成不可抗力。

因此，结合科学的自然事件等级划分，有助于帮助判断自然事件的危害程度、成为能否构成不可抗力的重要判断依据。此外，还需结合个案的具体情况，判断合同不能履行与上述自然事件是否具备直接联系，从而对能否适用不可抗力规则作出界定。

（二）传染病风险识别与界定

近年来，爆发了多起传染病事件，其规模之大、传播速度之快、防治之艰难，对正常的社会秩序造成了极大的影响。比如2003年"非典"在国内的暴发，许多省市成为"非典"的重灾区，社会活动难以正常进行，经济活动也难以为继，许多合同不能履行；近几年不断发生的禽流感疫情，在家禽之间形成大规模的传染，许多家禽被扑杀，导致合同不能正常履行；2020年在全国暴发的新型冠状病毒疫情，更是对正常的社会秩序造成重创，学校停课、企业停业、工厂停产、政府机关部分职能停摆，其波及范围之广、破坏力之强，更是前所未有。

传染病作为对社会公众健康具有巨大威胁的事件，因其具有极强的传染性和极快的传播速度，一般是难以预见、难以避免、难以克服的，其在何种情况下构成不可抗力，几乎已经成为全社会的共识。

但现当代社会中，传染病作为不可抗力对合同关系的影响，与传统的自然灾害类的不可抗力存在较为显著的差别：一是传染病通常并不直接对合同履行造成影响，而往往是政府为避免传染病进一步传播而采取的行政强制措施直接限制了合同义务的履行；二是传染病通常相较于传统的自然灾害类的不可抗力持续时间更广，影响范围更大；三是传染病的影响多数情况下并不会造成合同目的不能实现，而仅是造成合同无法按约定履行。

（三）政府行为的识别与界定

政府行为，从广义上讲包括政府的行政行为、司法行为，包括具体行政行为、行政诉讼行为、出台行政法规规章等形式。政府行为能否构成不可抗力，在理论界和司法实践中一直都存有争议。

有学者认为，当事人订立合同以后，政府当局颁布新的政策、法律和行政措施而导致合同不能履行的，该政府行为就应构成不可抗力。也有学者认为政府行为不能构成不可抗力，因为政府行为并非都是不可预见的，如今政策的出台，会历经征求意见、公示等程序，具有一定的可预见性；其次，政府的行为也并非不能克服的，比如面对政府的具体行政行为，可以通过复议、诉讼等程序维护权益，另外，随着行政诉讼法、行政复议法的不断修订，对政府出台的规范性文件也可以提起附带性审查，可以在一定程度上克服政府行为的影响和后果。

实践中，法院对政府行为能否构成不可抗力的认定也存在争议。例如，在杨某与某物业管理有限公司房屋租赁合同纠纷上诉案中，成都市中级人民法院根据双方签订的协议，"因政府行为等不可预见事件导致协议不能履行的双方互不承担赔偿责任"，从而对杨某主张的违约金及可得利益损失不予支持。而在鲁某与周某承包经营合同纠纷上诉案中，法院认为，根据《中华人民共和国民法通则》第一百五十三条规定，不可抗力，是指不能预见、不能避免并不能克服的客观情况。鲁某主张不能办理案涉《某市建筑废弃物处置证（消纳）》是政府行为，属不可抗力缺乏事实及法律依据，不予采纳。

我们认为，政府行为能否构成不可抗力，不能一概而论，应当结合个案进行具体分析。当政府行为符合不可抗力的要件，且确实直接导致当事人合同不能履行时，当然构成不可抗力。

第三节 新型不可抗力事件的界定

一、符合不可抗力的定义

本文所称新型不可抗力事件，是指历史上并未发生过，或者是虽然曾在历史上发生过，但并未对其特征、影响等进行过深入研究，以及虽然发生过，但由于其影响程度、影响范围的不同而引起的人们不同程度认识的不可抗力事件。

因新型不可抗力事件是不可抗力事件的一种表现形式，仅就其与传统不可抗力事件比较而言，时间上较为靠后、形式上非常规、影响上更为广泛深远，为了与已为人们所熟知的不可抗力事件相区别，本文将其称为"新型不可抗力事件"。因此，新型不可抗力事件在其本质上，仍与传统不可抗力事件相同，应当符合不可抗力的定义，即具备不可预见性、不可避免性、不可克服性。

需说明的是，如之前的章节所讨论的那样，对于新型不可抗力，亦无须对其不可预见性要求得过于严格，因为对于任何事件，从事后分析的角度来看，都是具有一定预见性的，更重要的标准应是当事人对该类事件的不可抗拒性。也因此，本书所称的新型不可抗力虽然可能在历史上并未发生过，但事实上也可以在其发生之前，对其带来的法律风险进行预防。

二、新型不可抗力事件的表现形式或特征

根据上文对新型不可抗力事件的定义，我们认为，"新型"的表现形式应当主要包括：未曾发生；虽曾发生但未经过深入研究；虽曾发生过但产生的影响不同。

1. 事件未曾发生过

此种类型的不可抗力事件，是指公众完全无法了解、无法预见、无法避免的全新事件，由于其具备不可抗力的特性，以及对社会经济生活产生履约阻碍，将会被认定为不可抗力事件。

2. 虽曾发生但未经过深入研究

指历史上虽然发生过，但由于其发生次数极少或者是影响范围极其有限，因此并未得到人们重视和研究的不可抗力事件。

3. 虽曾发生过但产生的影响不同

与上述"虽曾发生但未经过深入研究"的新型不可抗力相区别，虽然其发生次数较少，但由于其每次发生都会产生完全不同的影响，因此难以对其进行系统地把握认识，因此被认定为属于新型不可抗力事件。

人类社会发展至21世纪，已经历经沧桑，很难发生人类社会完全未曾了解过的全新事件，大多数事件的本质并没有发生变化，只是以全新的形式呈现在人们面前。

比如战争和政府行为作为不可抗力事件的分类，在现当代社会，新型战争代替了传统战争、政府行为日益多样化，对整个人类社会的影响都会与以往大有不同。

再比如传染病作为传统不可抗力事件的分类之一，在历史上通常均在一个区域内流行，如欧洲黑死病、西班牙流感、2003年我国发生的非典型肺炎等。而由于全球化的极致发展，现当代社会出现了全球大流行的传染病，如2020年的新冠病毒。并且历史上的传染病事件，并没有伴随绝对严格且大规

模的政府行政干预措施，而现当代新型传染病暴发时，通常政府会积极介入，采取各种措施减少传染病的进一步传播。

再比如大国之间的贸易战，人类历史上虽然经历过各个国家之间不同形式的贸易战，但类似于近两年来某些大国之间的影响如此之巨大的贸易战并未发生过。近期某大企业被某大国采取技术遏制手段的事件说明，技术在未来的贸易战或其他争议中的占比和重要性会越来越多，如果此种事件的范围再扩大，极端的情况下，一国通过其所控制的网络资源使得另一国的互联网等网络完全瘫痪，考虑到现在很多的服务和交易必须通过互联网才能进行，此种情况万一发生，是否属于不可抗力，如何应对其法律风险和后果，都是可以提前进行考虑和预防的。

而随着人类科技的进步，人类对自然规律的运用越来越多，历史上部分发生过的事件在当时可能并不能构成不可抗力，但在当代却有可能构成不可抗力。比如太阳表面的活动，在历史上可能并不直接影响人类生活，但在当代则由于太阳表面活动可能会影响到无线电短波通信，电视、手机、雷达等使用短波传输信息的设备均会受到太阳活动的影响。如果太阳表面的活动发生极端异常的情况，引起了大范围的通信等中断情况，是否属于不可抗力呢？可以预见，随着人类科技的发展，越来越多的原本不会影响人类生产生活的自然现象在日后会直接影响到人类的生产生活。

上述自然事件和社会事件都在历史上曾经多次发生，但影响的程度可以说是完全不同。

新型不可抗力事件造成的深远、广泛影响，是传统不可抗力事件不曾带来的，无论是从事件造成影响的持久度还是广泛性来说，新型不可抗力事件都是人类社会所面临的前所未有的巨大挑战。

第四节 新型不可抗力事件对建筑企业带来的法律风险

对于传统类型的不可抗力，建筑企业对其影响以及如何应对均具有较为成熟的经验，通常工程承包合同也对不可抗力可能造成的风险分担有所约定。一般来讲，传统不可抗力对建筑企业可能造成的风险包括：工程实体灭失、工程原材料灭失、工程设备灭失、工程工期增加、工程停工费用增加、人员损伤等。

但通常建筑企业缺少对新型不可抗力事件风险应对的经验。以本次新冠疫情为例,按照上文所述,本次新冠肺炎符合上文新型不可抗力事件的第3种表现形式,即虽曾发生过(传染病的一种),但产生的影响与此前的传染病产生的影响完全不同。新冠肺炎现已成为全世界面临的共同难题,对经济社会造成了前所未有的巨大冲击,其造成的影响之深之广前所未见。新冠肺炎作为新型不可抗力事件,对建筑企业带来了较大的法律风险,并且某些风险在过去是不曾有过的,如建筑企业在新冠疫情期间必须支出的疫情防控费用即是通常的不可抗力情形下不会产生的风险。本书中我们重点以新冠疫情为例,阐述建筑企业如何应对新型不可抗力事件带来的法律风险。

新型不可抗力事件究竟会给建筑企业带来哪些法律风险?不能一概而定,要看不可抗力事件的性质和具体影响。但是,从建筑企业本身的业务活动和经营特点的角度来分析,可以提前进行分类和分析。

建筑企业之主要业务活动为承揽工程项目的实施,可以是施工总承包,也可以是工程总承包,当然,也可能是分包等其他形式。但是,不管是哪种类型,其业务活动的要素都是人员、材料、机械、资金、时间、质量、安全、场地等几个大的方面。因此,分析新型不可抗力事件对建筑企业的法律风险亦可从这几个方面进行。

一、人员的影响

对人员的影响主要包括两个方面,一是对劳动用工的影响,即新型不可抗力事件对建筑企业的劳务分包或是直接雇用工人产生何种影响;二是对企业管理人员,尤其是项目现场管理人员的影响。

以上的影响主要包括人员数量是否受影响、人员的停工窝工、人员的质量是否受影响、人员的工资等用工成本是否受影响、人员的生命健康是否受影响、人员的功效是否受影响、人员的防护福利等是否受影响、人员的出入境和交通是否受影响等方面。

二、材料和设备的影响

材料和设备的影响主要是材料和设备的供应是否受影响、材料和设备的价格是否受影响、材料和设备的质量和供应时间是否受影响、材料和设备的保管与损坏是否受影响、材料和设备进出口是否受影响等。

三、机械和施工设备的影响

机械和施工设备的影响主要是机械和施工设备的进出场、进出口、闲置、价格、燃料、租金、功效、折旧、使用环境、损坏和维修等的影响。

四、资金的影响

资金的影响包括承包人从发包人处获得工程款的时间和金额大小影响，也包括承包人垫资或融资费用的影响、承包人对下游分包分供商付款的影响等。

五、时间的影响

时间的影响主要体现在工期方面，工期的长短直接决定着承包人成本费用，也决定着承包人的工期违约责任或工期奖励等。

六、质量的影响

在不可抗力的影响下，承包人承揽工程的质量是否能避免不利影响，达到合同约定的标准，也是承包人不得不重视的问题。

七、安全的影响

在不可抗力的影响下，承包人必须重视安全问题，包括人身和财产安全两个方面，这方面除了承包人自身的组织安排外，宜重点考虑引入相关的保险制度。

八、其他

对于新型不可抗力，还要注意由此引起的政府应对措施、税金方面的变化、优惠政策的影响、新的法律和司法政策、技术标准的变化等。此外，对于工程的成品保护、因不可抗力造成的成品、材料设备、机械及施工场地、临时设施等的损坏和修复、清理等，都可能造成相应的法律风险。

第二章

新型不可抗力事件法律应对与风险防控综述

第一节　找准事件法律定位

对于建筑企业在日后遇到的新型不可抗力事件，建筑企业应首先找准该类事件在我国法律下的定位，在我国民法制度下，并非仅有不可抗力规则可以用以免责或变更解除合同，与不可抗力密切相关的还有情势变更规则等。同时，在现当代生活中，不可抗力事件往往伴随着政府行政权力的干预，建筑企业在处理对应事件时，也应尽量避免可能有的行政、刑事责任。

以新冠疫情为例，新冠疫情构成我国特别重大突发公共卫生事件，同时在特定情形下，可构成适用不可抗力规则或适用情势变更规则的事由。

一、新冠疫情构成特别重大突发公共卫生事件

2020 年 1 月 20 日，国家卫健委发布 2020 年第 1 号公告，将新型冠状病毒感染的肺炎纳入《中华人民共和国传染病防治法》规定的乙类传染病，并采取甲类传染病的预防、控制措施。自 2020 年 1 月 23 日以来，全国 31 个省、直辖市、自治区人民政府启动突发公共卫生事件一级响应，新冠肺炎疫情被定性为《突发事件应对法》等法律所规定的特别重大突发公共卫生事件。

根据《突发事件应对法》《国家突发公共卫生事件应急预案》等法律的规定，突发事件是指突然发生，造成或者可能造成严重社会危害，需要采取应急处置措施予以应对的自然灾害、事故灾难、公共卫生事件和社会安全事件，按照社会危害程度、影响范围等因素，自然灾害、事故灾难、公共卫生事件分为特别重大、重大、较大和一般四级。国家建立突发事件预警制度，预警

级别按照突发事件发生的紧急程度、发展势态和可能造成的危害程度分为一级、二级、三级和四级，一级为最高级。

本次疫情被认定为特别重大突发公共卫生事件，意味着履行职责的相应人民政府可以采取包括禁止使用有关设备设施，关闭限制使用有关场所，中止人员密集的活动以及可能导致危害扩大的生产经营活动在内的各类应急处置措施（《突发事件应对法》第四十四、四十五条）。突发事件发生地的公民应当服从人民政府、居民委员会、村民委员会或者所属单位的指挥和安排，配合人民政府采取的应急处置措施，积极参加应急救援工作，协助维护社会秩序。

二、新冠疫情可构成适用不可抗力规则的事由

按照《民法典》《民法总则》及《合同法》的相关规定，不可抗力是指不能预见、不能避免且不能克服的客观情况。因不可抗力不能履行民事义务的，部分或全部免除责任。

本次疫情的发生纯属偶然，属于不可预见、不可避免、不能克服的客观情况，符合相关法律关于不可抗力的定义。目前国内不同层级、不同领域的权威部门和人士已经认定本次疫情及相关政府干预措施为不可抗力。如全国人大常委会法工委发言人、研究室主任臧铁伟在回答记者提问时明确指出：当前我国发生了新型冠状病毒感染肺炎疫情这一突发公共卫生事件。为了保护公众健康，政府也采取了相应疫情防控措施。对于因此不能履行合同的当事人来说，属于不能预见、不能避免并不能克服的不可抗力……

浙江高院、江苏高院、上海高院等各地法院均发布了相应的指导意见认定本次疫情以及因疫情政府采取的干预措施为不可抗力，浙江高院民二庭《关于审理涉新冠肺炎疫情相关商事纠纷若干问题解答》（浙高法民二〔2020〕1号）指出："2020年1月20日，国家卫健委发布公告，将新冠肺炎纳入《传染病防治法》规定的乙类传染病，并采取甲类传染病的预防、控制措施；1月30日，世界卫生组织（WHO）宣布新冠肺炎疫情为'国际关注的突发公共卫生事件'；各地政府也采取了具有行政强制力的疫情防控措施。故对因此不能履行合同的当事人而言，属于《民法总则》和《合同法》所规定的不能预见、不能避免并不能克服的不可抗力。在商事纠纷的处理中，既要体现鼓励交易的原则，维护交易安全，稳定交易预期，严格合同解除的条件，防止违约方

滥用不可抗力抗辩，损害守约方合同利益，又要贯彻公平原则，综合考虑疫情对于合同履行的影响程度、各方当事人的过错等因素，平衡合同各方利益。要加强调解工作，引导当事人互让互谅，合理分摊损失，共度时艰。"

结合第一章所述，由于新冠疫情同时符合新型不可抗力事件的特征，据此，下文中我们重点以新冠疫情为例，阐述建筑企业如何应对新型不可抗力事件带来的法律风险。

三、新冠疫情可构成适用情势变更规则的事由

所谓情势变更，是指合同有效成立后，发生不可归责于双方当事人的不可预见的情形，致合同之基础动摇或丧失，若继续维持合同原有效力显失公平，允许变更合同内容或者解除合同。

虽然《最高人民法院关于适用〈中华人民共和国合同法〉若干问题的解释（二）》（以下简称"《合同法司法解释二》"）第二十六条关于情势变更的规定中，明确将不可抗力排除在外，但越来越多的司法实践和法学理论倾向于认可不可抗力可构成申请适用情势变更原则的事由。

更重要的是，刚刚通过的《民法典》第五百三十三条规定："合同成立后，合同的基础条件发生了当事人在订立合同时无法预见的，不属于商业风险的重大变化，继续履行合同对于当事人一方明显不公平的，受不利影响的当事人可以与对方重新协商；在合理期限内协商不成的，当事人可以请求人民法院或者仲裁机构变更或者解除合同。

人民法院或者仲裁机械应当结合案件的实际情况，根据公平原则变更或者解除合同。"

根据这一规定，不可抗力事件也可以成为适用情势变更规则的事由，并且，该规定进一步明确了受不利影响的当事人可以与对方重新协商，如果不行，最后根据公平原则来进行处理。

因此，如此次疫情虽未导致相应的民事义务不能履行，但履行民事义务会对当事人明显不公平或者不能实现合同目的，当事人可主张适用情势变更原则，申请变更或解除合同。

关于此点，最高人民法院、江苏高院、浙江高院、湖北高院、广州中院在近期均发布了类似指导意见，可供参考。如江苏高院《关于为依法防控疫情和促进经济社会发展提供司法服务保障的指导意见》第5点指出："5. 依

法妥善审理与疫情防控有关的合同纠纷案件。合理认定疫情对合同履行的影响。因政府及有关部门为防治疫情而采取行政措施直接导致合同不能履行，或者由于疫情影响致使合同当事人根本不能履行而引起的纠纷，适用《合同法》关于不可抗力的规定处理。合同成立后因疫情形势或防控措施导致继续履行对一方当事人明显不公平或者不能实现合同目的，当事人起诉请求变更或者解除合同的，可以适用《合同法》关于情势变更的规定，因合同变更或解除造成的损失根据公平原则裁量。对于因疫情防控导致的建设工程施工合同、房屋租赁合同等纠纷，当事人就相关责任、损失承担有明确约定的，除法律、法规以及疫情防控政策另有规定的，应当依照当事人的约定处理，一方当事人事后以公平分担等为由反悔的，不予支持。"

主张情势变更原则可先进行协商，但协商不成的话，必须以提起诉讼或仲裁的方式，由人民法院或仲裁委变更合同约定或解除。

第二节　新型不可抗力事件影响下建筑企业法律风险防控原则

对于新型不可抗力事件，通常会伴随政府机关的行政强制措施，建筑企业在处理该类事件时，应在符合国家法律法规、行政措施要求的基础上合理主张自身民事权利。以本次新冠疫情为例，由于新冠期间，中央和各地政府均出台了各类专项措施，建筑企业应首先避免违反这些规定，受到行政处罚或刑事处罚，并避免因自身原因导致不可抗力事件的影响扩散，致他人受到损失，因此承担责任，在此基础上合理主张自身权利。

一、避免行政处罚、刑事惩处

以新冠疫情期间政府防控措施为例。新冠疫情防控期间，国家层面及各地政府均出台了相应专项政策、措施，新冠疫情经过三个月的发展，经中央统筹防控、地方积极响应，以及全国人民共同努力，已经得到了有效的控制。

《突发事件应对法》第六十四条规定："有关单位有下列情形之一的，由所在地履行统一领导职责的人民政府责令停产停业，暂扣或者吊销许可证或者营业执照，并处五万元以上二十万元以下的罚款；构成违反治安管理行为的，由公安机关依法给予处罚：（一）未按规定采取预防措施，导致发生严重突发事件的；（二）未及时消除已发现的可能引发突发事件的隐患，导致发生严重突发事件的；（三）未做好应急设备、设施日常维护、检测工作，导致发生严重突发事件或者突发事件危害扩大的；（四）突发事件发生后，不及时组织开展应急救援工作，造成严重后果的。前款规定的行为，其他法律、行政法规规定由人民政府有关部门依法决定处罚的，从其规定。"

第六十六条规定："单位或者个人违反本法规定，不服从所在地人民政府及其有关部门发布的决定、命令或者不配合其依法采取的措施，构成违反治安管理行为的，由公安机关依法给予处罚。"

第六十八条规定："违反本法规定，构成犯罪的，依法追究刑事责任。"

对于涉及犯罪的，《刑法》第一百一十四条、第一百一十五条规定了以危险方法危害公共安全罪，是与放火罪、决水罪、爆炸罪、投放危险物质罪并列规定的，是危害不特定多数人安全、社会公共安全的严重犯罪。此外，还有妨害传染病防治罪与妨害公务罪。

对于上述三罪的区别，根据最高人民法院、最高人民检察院、公安部、司法部《关于依法惩治妨害新型冠状病毒感染肺炎疫情防控违法犯罪的意见》的规定："1. 以危险方法危害公共安全罪：一是，已经确诊的病人、病原携带者，拒绝隔离治疗或者隔离期未满擅自脱离隔离治疗，并进入公共场所或者公共交通工具的；二是，疑似病人拒绝隔离治疗或者隔离期未满擅自脱离隔离治疗，并进入公共场所或者公共交通工具，造成新型冠状病毒传播的；2. 其他拒绝执行卫生防疫机构依照传染病防治法提出的防控措施，引起新型冠状病毒传播或者有传播严重危险的，依照妨害传染病防治罪定罪处罚；3. 除上述两个罪名的适用以外，拒绝执行有关防控措施过程中，对以暴力、威胁方法阻碍国家机关工作人员（包括在依照法律、法规规定行使国家有关疫情防控行政管理职权的组织中从事公务的人员，在受国家机关委托代表国家机关行使疫情防控职权的组织中从事公务的人员，虽未列入国家机关人员编制但在国家机关中从事疫情防控公务的人员）依法履行为防控疫情而采取的防疫、检疫、强制隔离、隔离治疗等措施，构成犯罪的，依照妨害公务罪定罪处罚，情节轻微的，依照治安管理处罚法的规定予以治安处罚。"

各地建筑企业在复工复产的过程中，首先要关注国家以及企业当地、工程施工地针对新冠疫情防治的专项措施，以及工程当地住房和城乡建设主管部门发布的有关开复工的规定，遵守国家及地方法律、法规、政策，避免受到行政处罚和刑事惩处。

二、避免导致不可抗力事件扩散致他人受损而承担民事责任

不可抗力事件发生后，建筑企业应避免因不正当处理不可抗力事件造成的影响而导致其他单位或个人受到损害，否则可能会承担相应的民事责任。

如新冠疫情期间，各地均发布了延长复工通知，同时亦提出了相应的复工防疫工作要求，建筑企业应按照当地政府及建设行政主管部门所发布相应通知合理合法开复工，同时做好疫情防控工作，以避免因疫情防护不到位导致疫情扩散，因此承担民事赔偿责任。《传染病防治法》第七十七条规定："单位和个人违反本法规定，导致传染病传播、流行，给他人人身、财产造成损害的，应当依法承担民事责任。"

三、合理合法处理民事关系，主张自身权利

在此基础上，合理履行各类合同约定，主张自身权利。如在新冠疫情期间，国家和各地方政府均发布了相应的迟延复工通告，受新冠疫情影响，各行各业普遍无法正常经营、运转，各类违约现象较为多见。建筑企业属于劳动密集型企业，受新冠疫情影响严重，建筑企业在处理与发包人、下游供应商、企业员工之间的民事关系时，应善于运用各类法律概念，合法主张自身的权利，但亦应履行自身义务，避免承担进一步的民事责任。

第三节　新型不可抗力事件下建筑企业的法律应对方案通则

建筑企业在新型不可抗力事件期间及新型不可抗力事件过后处理新型不可抗力事件民商事纠纷，包括但不限于与建设单位的工期纠纷、工程造价纠纷、索赔纠纷，以及与下游供应商之间的合同纠纷时，为避免争议发生后处于被动地位，均应遵守以下通则。

一、妥善收集、保存企业受新型不可抗力事件影响的证据

建筑企业应妥善收集、保存企业受新型不可抗力事件影响的相关证据。以本次新冠疫情为例，企业应收集保存的证据包括但不限于：

企业受新冠疫情影响无法履行合同的证据，如因工程当地村民封路等原因无法进场施工的证据、材料供应商无法复工导致缺少材料无法施工的证据（材料供应商通知等）、劳务分包来自疫情严重地区等原因无法组织工人复工导致无法施工的证据（劳务分包的通知等）、企业主要管理人员被隔离的证明等。

企业受新冠疫情影响履行合同艰难的证据，如材料价格因疫情大幅度上涨的证据等。

企业受新冠疫情影响而额外承担相应费用的证据，如购买疫情防护用品用于施工的凭证、发票，组织人员进行防疫检查的费用支出，停工期间的材料仓储费、设备租赁费等。

收集、保存证据的目的在于为可能有的纠纷、结算、诉讼、仲裁等活动做好充分的准备，诉讼、仲裁活动胜败关键系于证据，建筑企业应提高证据意识，做到有备无患，避免纠纷进入诉讼、仲裁程序时缺少证据而陷入被动。

二、及时在合同约定时间内，将企业受新型不可抗力事件影响的情况通知合同相对人

（一）通知的目的

建筑企业应及时并在合同约定的时间内，将企业受新型不可抗力事件影响的情况通知合同相对人，通知的目的在于使合同相对方及时了解建筑企业受本次新型不可抗力事件的影响，做好对建筑企业可能有的违约行为的准备工作，以此减少合同相对方的损失，否则建筑企业可能因未及时通知造成对方损失扩大而产生相应的违约赔偿责任。

关于此点，本次新冠疫情期间，浙江省高级人民法院民一庭《关于规范涉新冠肺炎疫情相关民事法律纠纷的实施意见（试行）》即指出："当事人以不可抗力为由主张部分或者全部免除责任的，仍应提供证据证明其已尽到通知义务，以减轻可能给对方造成的损失。当事人违约后，对方没有采取适当措施致使损失扩大的，不得就扩大的损失要求赔偿。"

（二）通知的内容

建筑企业应及时在合同约定的时间内，将企业受新型不可抗力事件影响的情况通知合同相对人。如在本次新冠疫情期间可能有的：

一、受疫情影响无法开复工的时间，包括政府通知不得开复工，或建议不得开复工的时间段，按政府规定虽可开复工，但建筑企业因人员、材料供应、进场道路、现场条件等开复工必备条件受新冠疫情影响无法具备的时间段，已开复工，但因工地周边发生疫情导致封闭或隔离而停工的时间段。

二、受疫情影响，企业额外支出的费用，包括企业额外支出的疫情防控经费数额及明细，停工期间的材料仓储费、机械设备租赁费或折旧费等。

三、受疫情影响合同无法继续履行的原因，如因受疫情影响主要管理人员均已离职等。

通知可附有相应的证据（复印件）予以证明，证据类型可参考前款的内容。

通知可写明向合同相对人主张的权利，包括工期调整和工程造价调整以及停工费用分担等。

通知可附工程当地政府政策性文件予以佐证。

（三）通知的方式

通知方式应符合合同约定，包括合同约定的送达方式、通知期限等。应注意的是，建设工程施工合同通常同时具有不可抗力条款和索赔条款，由于不可抗力为特殊条款，而索赔条款为一般条款，按照特殊优于一般的原则，通知应当按照不可抗力条款约定的程序进行。

建筑企业除应在新型不可抗力事件发生后及时通知发包人和监理人以外，另应根据具体情况向发包人和监理人提交中间报告，我们建议根据当地政府相关通知及本项目的具体情况来确定提交中间报告的次数和时间，在政府相关部门就开复工时间提出相关通知时提交一次，在发生对工程实施产生重大影响的其他情况时也要相应提交，比如工程所需的材料设备因此次疫情影响已经无法采购等情况。最后，不可抗力事件结束后（应以政府相关主管部门的认定为准）28 天内应提交最终报告及有关资料。

三、积极采取补救、替代措施，防止损失进一步扩大

建筑企业应在新型不可抗力事件初步缓解之后，在政府防控措施放开之后，有序采取补救、替代措施，防止企业受到的损失进一步扩大。

虽然建筑企业因新型不可抗力事件影响，可主张不可抗力、情势变更等

理由，要求延长工期、调整工期约定，要求发包人分担停工费用损失，调整合同价格约定，但一方面并非全部损失均可要求发包人承担，另一方面按照不可抗力的相关规定，建筑企业仍有义务采取补救、替代措施的义务，因此建筑企业仍应采取相应措施。

替代、补救措施可包括在原劳务分包单位不能履行合同的情况下，及时更换寻找替代的劳务单位，在进场道路被封锁、破坏的情况下，积极寻找替代道路，受新型不可抗力事件影响长时间停工的情况下及时解除设备租赁合同等。

四、积极与合同相对人沟通、谈判，尽量协商签订补充协议

建筑企业应就受新型不可抗力事件影响受到的损失、增加的成本如何分配的问题，以及工期顺延的事宜及时与合同相对人沟通、谈判，尽量以签订补充协议的形式明确各自的权利义务。

新型不可抗力事件期间以及新型不可抗力事件结束后的一段时间内，建筑企业所受到的损失以及增加的成本应按照合同约定以及法律关于不可抗力造成损失的相关规则由建筑企业和发包人共同分担。在建筑企业与发包人无法达成一致意见的情况下，通常需要通过诉讼和仲裁程序由人民法院或仲裁机构对相关费用的分担进行裁判。而建设工程类案件通常关系复杂，且多数情况下需要通过造价鉴定等各类司法鉴定确定事实，审理周期漫长。这对于建筑企业的资金周转来说是非常不利的。并且诉讼、仲裁也有一定成本。因此，在建筑企业与发包人可就建筑企业受新型不可抗力事件影响而受到的损失进行协商分配的情况下，应优先协商分配，并以签订补充协议的形式确定双方的权利义务。

谈判过程以及补充协议的制定应有公司法务或专业律师参与。

五、在无法协商的情况下，及时提起诉讼、仲裁，维护自身权利

受新型不可抗力事件影响，发包人也会受到相应的损失。建筑企业在与发包人就合同关系下受到的损失、增加的成本进行协商分配时，发包人很有可能为避免承担更多的责任，采取消极应对的方式进行处理。如建筑企业与发包人长时间就损失、成本增加的分配问题不能达成一致意见，则可能导致建筑企业的主张因证据丢失、人员更换、期限超期等各类客观原因无法再主

张。极端情况下，发包人可能因新型不可抗力事件影响资金链断裂，建筑企业如等待协商时间过长，可能会因发包人破产等原因最终无法回收相应的资金。

因此，建筑企业在与合同相对人就争议无法协商的情形下，应及时提起诉讼、仲裁，维护自身合法权利。

六、不可抗力证明

一般按照建设工程施工合同的约定，发生不可抗力后，有条件的一方当事人需要通知另一方当事人，并就不可抗力提供相应的证明。证明的方式可以包括政府机关的通报、新闻报道、各类机构的书面证明等，而由于不可抗力事件通常影响范围较广，多数情况下对于其发生建筑企业无须证明，对于建筑企业来讲，更重要的是证明相应事件对建筑企业的影响。

就本次新冠疫情而言，由于其后果的严重性、影响的广泛性、国家防控政策的全面性和严肃性，导致几乎全中国人都应该知道新冠疫情这件事，并对其影响有不同程度的了解，对国家的疫情防控政策有不同程度的了解。

因此，我们认为，根据《最高人民法院关于适用〈中华人民共和国民事诉讼法〉的解释》第九十三条的规定，下列事实，当事人无须举证证明：

（一）自然规律以及定理、定律；

（二）众所周知的事实；

（三）根据法律规定推定的事实；

（四）根据已知的事实和日常生活经验法则推定出的另一事实；

（五）已为人民法院发生法律效力的裁判所确认的事实；

（六）已为仲裁机构生效裁决所确认的事实；

（七）已为有效公证文书所证明的事实。

前款第二项至第四项规定的事实，当事人有相反证据足以反驳的除外；第五项至第七项规定的事实，当事人有相反证据足以推翻的除外。本次新冠疫情应属于众所周知的事实，对于国内的建设工程施工合同双方当事人来说，一般情况下并不需要提供所谓的不可抗力证明。如果双方发生争议，提起诉讼或仲裁，一般来说，法院或仲裁机构也无须借助相关不可抗力证明来认定本次疫情的发生及相关政府防控措施。当然，如果相关主管部门，比如住房和城乡建设主管部门能出具更好，可以作为证据使用。

对于涉外工程来讲，因为工程所在地在境外，即便因为中国的疫情而使得在劳务人员输出、材料设备供应方面受到一定的影响，一般情况下也难以构成不可抗力，除非发生该国拒绝让中国公民进入等特殊情况。对于涉外工程来讲，如果受到影响，则有开具相关不可抗力证明的需要，从我们目前了解的情况来看，中国国际贸易促进委员会等机构可以为相关企业开具不可抗力证明。

第四节　后续合同中应当如何起草不可抗力条款

近些年爆发的"非典"、新冠疫情所引起的各类合同争议说明了合同中约定不可抗力条款的重要性，也充分说明，合同当事人如未对不可抗力条款加以重视，不足以应付社会现实中出现的各种情况，需要为此付出相应的成本和代价。因此，根据社会现实，需要对合同中不可抗力条款的设置进行完善。结合我国不可抗力规则的相关规定，以及现有合同文本中对不可抗力的设计等内容，讨论建筑企业应当如何在后续起草的合同中约定不可抗力条款，以期减少实务中的争议。

一、不可抗力具有不可预见性与可约定性

根据法律对不可抗力的定义，不可抗力应当具备三种不可缺少的特性，即：不可预见性、不可避免性、不可克服性。其中，不可预见性，是区别于不可抗力规则与商业风险的重要特征，也是判断是否构成不可预见的重要主观要件。所谓预见性，是指当事人在缔结合同时对未来可能发生的风险的预见程度。比如商业风险，通常具备一定的可预见性，如果在缔约时，风险的可预见性较高，则不能将其作为情势变更，更无法构成不可抗力。而不可抗力要求当事人对该事件不可预见，但实践中，对于特定事件是否可预见的判断是比较模糊的，也因此不可抗力与商业风险之间存在一定的模糊地带。

所谓可约定性，是指当事人可以在合同中约定不可抗力条款，包括不可抗力的范围、通知方式及时间等作出具体的约定。正是因为上述不可抗力具备不可预见性，难以预知的风险会使当事人在缔约时产生种种不安，此时，为了保障交易的安全性，同时也是贯彻契约自由的精神，当事人双方可以在缔约时，在合同中加入不可抗力条款，当发生约定的不可抗力情形时，如何

对双方权利义务以及责任分配、如何通知对方当事人以及在何种合理的时间范围内进行通知，从而更好地应对各种无法预见、不可避免、又不能克服的情况的发生。不可抗力的可约定性，使其能够成为合同中的重要条款，以此来应对各种突发情况。

二、建设工程施工合同不可抗力条款设计

（一）现有《示范文本》的条款

我国现在使用的 2017 年版《建设工程施工合同（示范文本）》（以下简称"《示范文本》"）GF—2017—0201 第二部分通用合同条款中，第 17 条约定了合同的不可抗力条款。

1. 第 17.1 条规定了"不可抗力的确认"：

合同当事人在签订合同时不可预见，在合同履行过程中不可避免且不能克服的自然灾害和社会性突发事件，如地震、海啸、瘟疫、骚乱、戒严、暴动、战争和专用合同条款中约定的其他情形。

不可抗力发生后，发包人和承包人应收集证明不可抗力发生及不可抗力造成损失的证据，并及时认真统计所造成的损失。合同当事人对是否属于不可抗力或其损失的意见不一致的，由监理人按第 4.4 条〔商定或确定〕的约定处理。发生争议时，按第 20 条〔争议解决〕的约定处理。

2. 第 17.2 条规定了"不可抗力的通知"：

合同一方当事人遇到不可抗力事件，使其履行合同义务受到阻碍时，应立即通知合同另一方当事人和监理人，书面说明不可抗力和受阻碍的详细情况，并提供必要的证明。

不可抗力持续发生的，合同一方当事人应及时向合同另一方当事人和监理人提交中间报告，说明不可抗力和履行合同受阻的情况，并于不可抗力事件结束后 28 天内提交最终报告及有关资料。

3. 第 17.3 条规定了"不可抗力后果的承担"：

不可抗力导致的人员伤亡、财产损失、费用增加和（或）工期延误等后果，由合同当事人按以下原则承担：

（1）永久工程、已运至施工现场的材料和工程设备的损坏，以及因工程损坏造成的第三人人员伤亡和财产损失由发包人承担；

（2）承包人施工设备的损坏由承包人承担；

（3）发包人和承包人承担各自人员伤亡和财产的损失；

（4）因不可抗力影响承包人履行合同约定的义务，已经引起或将引起工期延误的，应当顺延工期，由此导致承包人停工的费用损失由发包人和承包人合理分担，停工期间必须支付的工人工资由发包人承担；

（5）因不可抗力引起或将引起工期延误，发包人要求赶工的，由此增加的赶工费用由发包人承担；

（6）承包人在停工期间按照发包人要求照管、清理和修复工程的费用由发包人承担。

不可抗力发生后，合同当事人均应采取措施尽量避免和减少损失的扩大，任何一方当事人没有采取有效措施导致损失扩大的，应对扩大的损失承担责任。

因合同一方迟延履行合同义务，在迟延履行期间遭遇不可抗力的，不免除其违约责任。

4. 第17.4条规定了因不可抗力解除合同的情形：

因不可抗力导致合同无法履行连续超过84天或累计超过140天的，发包人和承包人均有权解除合同。合同解除后，由双方当事人按照第4.4款〔商定或确定〕商定或确定发包人应支付的款项，该款项包括：

（1）合同解除前承包人已完成工作的价款；

（2）承包人为工程订购的并已交付给承包人，或承包人有责任接受交付的材料、工程设备和其他物品的价款；

（3）发包人要求承包人退货或解除订货合同而产生的费用，或因不能退货或解除合同而产生的损失；

（4）承包人撤离施工现场以及遣散承包人人员的费用；

（5）按照合同约定在合同解除前应支付给承包人的其他款项；

（6）扣减承包人按照合同约定应向发包人支付的款项；

（7）双方商定或确定的其他款项。

除专用合同条款另有约定外，合同解除后，发包人应在商定或确定上述款项后28天内完成上述款项的支付。

（二）现有《示范文本》条款中的不足

由于合同中约定的不可抗力条款，一般为当事人的特殊约定，属于特殊条款，按照特殊优于一般的原则，当不可抗力条款与合同中其他通用条款的约定同时具备相同作用时，通常适用特殊条款（即不可抗力条款的约定）。因此，在建设工程合同中，不可抗力条款的设计是十分重要的。在我国 2017 年版示范文本中，不可抗力条款的设计已经相对完善，但仍然有以下几点可以改进。

1. 现有《示范文本》中不可抗力条款约定的履行通知义务的时间点比较难以把握。

虽然不可抗力通知条款的设计要贯彻高效、及时的原则，但是仍应留有合理的时间给当事人做好相应的准备工作。首先，在现有的《示范文本》中，第17.2 条规定的"不可抗力的通知"对当事人履行通知义务的时间点比较难以界定。该条款要求当事人"立即"履行通知义务，书面说明不可抗力和受阻碍的详细情况，并提供必要的证明。由于建设工程所涉及周期一般较长、涉及的关系也极为复杂，短时间内很难形成完整、具体的证据链条加以证明，需要留有一定的合理时间进行准备，比如难以进入施工现场验证受阻的具体情形、邮寄困难等。其次，条款中使用"立即"一词，要求当事人及时履行通知义务，具体的时间界限较难界定。何为立即？是指从当事人知道或应当知道之时起即刻履行？还是客观情况发生之时起即刻进行通知？这些时间点的界定容易引起争议。最后，文本中约定，"及时"向合同另一方当事人和监理人提交中间报告。该约定使用"及时"一词，虽然体现了效率原则，但是由于具有不确定性，实质上增加了实践工作中的对提交中间报告时间点的把握难度。

2. 不可抗力的范围界定有待完善

在我国现有《示范文本》中，不可抗力的范围包括自然灾害和社会性突发事件两大类，具体包括如地震、海啸、瘟疫、骚乱、戒严、暴动、战争和专用合同条款中约定的其他情形。

我们认为，《示范文本》中对不可抗力范围的界定不够完全，比如，在学理上以及司法实践中，政府行为在一定情况下也可以构成不可抗力（政府行为作为不可抗力的情形前文已有论述，在此不做赘述）。其次，《示范文本》将骚乱、暴动、地震等需要根据具体情况来进行分析、认定是否构成不可抗力的事件列入不可抗力的外延，但却没有规定更加具体的认定标准，可能会导致实践中出现认定困难的问题。

（三）现有《示范文本》条款的完善建议

1. 对不可抗力的内涵进行重新界定

在上文中对现有的、受到学术界普遍认可的不可抗力的范围进行了简要的梳理，将不可抗力分为自然事件和社会事件两大类别。

然而，由于人类社会的不断发展，科技在不断进步，构成不可抗力所需要具备的三要件，即"不能预见""不能避免""不能克服"已经与其最初的原意产生了一定的区别。比如，上文中分析了地震、强风、暴雨、暴雪等自然事件构成不可抗力的情形，在现有的科学技术之下，强风、暴雨、暴雪、台风等已经不是完全不可预见的自然现象，预警机制日益完善以及事后补救能力不断提升，完全"不能预见""不能避免""不能克服"的客观现象日益减少。此外，由于新闻媒体的快速发展，如现有《示范文本》中的战争、戒严、暴动等社会事件也并非完全不能预见的。不可抗力情形中一贯存有争议的政府行为，在一定程度上也是可以预见的。因此，建议对不可抗力的内涵进行重新界定，不能过于绝对地强调其不可预见性，应当结合具体的认知水平进行分析。

2. 区分不可抗力事件导致的不同后果

不可抗力作为法定的免责条件，在其阻碍合同履行的情况下，具体导致的后果应当分为三种：一是合同全部不能履行；二是合同部分不能履行；三是合同迟延履行。由此产生合同解除、免除责任、合同变更（适用于合同部分不能履行）、延长合同履行期的法律效果。

建议在建设工程施工合同不可抗力条款中，区分不可抗力导致的阻碍合同履行的具体情形，完善不可抗力发生后的协商谈判义务、预先考虑在发生不可抗力事件时签订补充协议的具体情形，一方面充分发挥不可抗力的免责效力，另一方面发挥诚实信用原则的作用，合同当事人在遇到不可抗力情形时，同心协力维护交易安全、共克时艰。

（四）施工合同不可抗力条款的设计思路

1. 公平原则在不可抗力损失分担条款的体现

上文中引用了现有《示范文本》中的不可抗力条款，从上述第17.3条"不可抗力后果的承担"条款，可以看出在该版《示范文本》中，由不可抗力引发的工程延期损失，由发包人和承包人合理分担，这与《建设工程工程量清单计价规范》中的规定不同，该规范第 9.10.1 条规定："因不可抗力事件导致的人员伤亡、财产损失及其费用增加，发承包双方应按下列原则分别承担并调整合同价款和工期：……3. 承包人的施工机械设备损坏及停工损失，应由承包人承担；4. 停工期间承包人应发包人要求留在施工现场的必要的管理人员及保卫人员的费用应由发包人承担……"该规范规定承包人的施工机械设备损坏及停工损失，应由承包人承担。由于 2017 年版本的《示范文本》发布在后，我们认为应当参照本文本的规定来承担停工损失。实践中，如果发包方、承包方双方签订了《示范文本》，且未在合同专项条款中对不可抗力的后果承担进行修改，则应当按照《示范文本》的约定由发承包双方合理分担停工费用、由发包人承担停工期间必须支付的工人工资。

2017 年版《示范文本》中，损失分担条款的设计体现了公平原则。尤其是对停工损失的承担，《示范文本》明确约定了停工损失由发承包双方合理分担，而由发包人承担停工期间必须支付的工人工资。这样的约定具有合理性，是平衡各方利益的体现，因为对于工程本身所有权是属于发包商的，最大的受益者也是发包商，承包商从中获取小部分利益，如果让承包商承担除自身以外的损失，这也违背公平原则。

2. 不可抗力范围界定应具体明确

在实践中，法官在个案中对是否构成不可抗力的判断，拥有较高的自由裁量权。我们认为，由于不可抗力条款是合同当事人契约自由的体现，在该条款不违反法律禁止性规定、不超过公众合理认知的情况下，当事人所约定的不可抗力条款，若存在客观上超越其自身履约能力、风险承担能力，属于其不能预见、不能避免、不能克服的情形，如果合同当事人在合同中能够明确界定属于不可抗力情形的范围，以及具体的确认标准，实践中应当予以支持。因此，在合同中明确不可抗力的范围和界定，会在一定程度上减少实践中不可抗力认定的困难，以及法官高度自由裁量权之下导致的不同认定的情形。此外，明确不可抗力的范围界定，可以降低不确定性对合同效率的影响，提高合同效率，减少成本。

3. 区分处理合同不能履行与合同艰难履行情形

《民法典》第五百九十条（原《合同法》第一百一十七条）规定了由不可抗力导致的合同"不能履行"的情形，因不可抗力不能履行合同的，根据不可抗力的影响,部分或者全部免除责任。在现有的《示范文本》中,也对因不可抗力导致的合同不能履行的后果做出了规范,即因不可抗力导致合同无法履行连续超过84天或累计超过140天的,发包人和承包人均有权解除合同。从上述的规定来看,不可抗力导致的合同完全不能履行的后果,一是当事人免除责任,二是双方当事人可以要求解除合同,合同解除后的双方权利义务的履行情况根据《示范文本》第17.4条进行处理。具体条款上文已有叙述,在此不做赘述。

然而,基于降低交易成本、维护交易安全的层面来讲,建设工程周期长、涉及的关系极为复杂,合同解除不论是对建设工程的发包人还是承包人而言都是成本巨大的。比如此次新冠疫情下,许多建设工程合同并未达到完全不能履行的地步,但是继续履行又会给建筑企业带来极大的困难,比如人材机价格大幅度上涨,短时间内设备、材料、人员难以入场等履行困难的情况,继续按照合同履行对建筑企业而言是明显不公平的,但解除合同的条件又未能成就或者解除合同会引发更大的经济损失,对于此种情况,应当与因不可抗力导致的合同不能履行情形作出区分处理。建议在合同中约定情势变更条款,与不可抗力情形相区别,当发生上述情形时,建筑企业可以主张情势变更规则,申请变更合同。

因此,区分处理不可抗力导致的合同不能履行与合同艰难履行的情形,既能保障公平,又能兼顾效率,从而降低交易成本,维护交易安全。

4. 不可抗力发生后的协商谈判条款的设计

现有《示范文本》中,在第17.3条中设置了不可抗力后果的承担条款,其中约定,当不可抗力发生后,合同当事人均应采取措施尽量避免和减少损失的扩大,任何一方当事人没有采取有效措施导致损失扩大的,应对扩大的损失承担责任。比如在此次疫情中,发承包双方当事人受到疫情影响,主张不可抗力,要求延长或调整工期等,亦或是解除合同的同时,根据上述不可抗力的规定,是负有采取补救措施防止损失进一步扩大的义务的。这样的设计,可以防止损失进一步扩大,尽量将风险降至最低。根据此条款的规定,我们认为,可以在合同不可抗力条款中设置协商谈判条款,当不可抗力发生后,双方当事人通过协商谈判,共同商议不可抗力带来的损失的善后工作,尽可能减少风险。同时,我们认为,在不可抗力条款中加入协商谈判条款,是对第17.3条约定的"采取措施尽量避免和减少损失的扩大"的具体落实,降低了以何种方式"采取措施"的不确定性，便于辨认双方是否履行了采取补救措施防止损失进一步扩大的义务。

5. 预先考虑签订补充协议的情形

上述不可抗力发生后的协商谈判条款的设计是对不可抗力发生之后采取的补救措施，我们认为，还应当预先考虑是否约定双方的善后义务，主要表现在条款中加入何种情形下签订补充协议的约定。原因在于，经济社会中，出于利益最大化和交易安全的考量，并不是所有的合同在履行受阻时，解除合同都是最优选择。尤其是建设工程类案件涉及的关系极为复杂，对企业来说，解除合同的成本是极大的。此时，若合同双方就受疫情影响而产生的损失进行协商分配，通过补充协议等方式明确双方的权利义务关系。

第三章

不可抗力规则及情势变更规则在新型不可抗力事件中的适用

情势变更是与不可抗力存在一定联系的规则，也是民法中可以对合同约定产生例外排除的规则之一，情势变更的事由也通常与不可抗力事由重合。情势变更规则规定在《合同法司法解释（二）》第二十六条进行了规定，《民法典》进行了更为完善的规定。详见本指引第2章的介绍。

根据以上规定，对于某些当事人来说是不可抗力，当事人可以援引不可抗力规则进行免责，但对于另外的一些当事人来说，可能并不能构成不可抗力，则需要援引情势变更规则申请变更合同。

因此，建筑企业在应对特定的事件时，也可考虑在无法适用不可抗力规则时，援引情势变更规则。

第一节　不可抗力规则和情势变更规则的概念和区别

不可抗力规则是指当发生不能预见、不能避免且不能克服的客观情况时，当事人因之不能履行或不能完全履行债务时，可以主张因不可抗力影响免除全部或部分责任。

而情势变更规则是指合同有效成立后，因不可归责于双方当事人的原因发生情势变更，致合同基础动摇或丧失，若继续维持合同原有效力显失公平，应允许变更合同内容或者解除合同。

二者有以下主要区别。

一、二者的功能不同

不可抗力规则是免责事由和法定合同解除事由。

企业或个人在义务（合同义务或非合同义务）不能履行或不能完全履行时，可以主张不可抗力影响而免除相应的责任，或按照法律规定解除合同。

情势变更规则是对合同约定的例外排除事由。

情势变更事由出现时，如合同继续履行对合同一方显失公平，合同一方可主张情势变更规则，变更或解除合同，并不再履行原有的合同内容。

二、事由对合同履行的影响不同

主张适用不可抗力规则免责或解除合同，必须要不可抗力对合同的影响达到使合同不能履行或不能按照合同约定履行的程度。

主张适用情势变更规则变更或解除合同，并不要求合同无法履行或无法按照约定履行，此时合同一般仍可继续履行，但如继续履行将会导致一方合同履行艰难，或付出高额代价，严格按照合同约定继续履行合同将会对合同一方显失公平。

三、二者不可预见的程度不同

在不可抗力条件下，当事人对事件的可预见程度不高或几乎完全不能预见，而情势变更允许当事人有一定程度的预见性。

四、权利作用不同

当事人主张适用情势变更规则，必须请求法院做出裁判，而不能当然地导致合同的变更和解除，法院的判决是形成判决，而不是确认判决。不可抗力场合的解除是基于当事人行使解除权的解除，一方当事人依意思通知即可完成，无须对方同意，也无须法院确认。

五、可约定性不同

当事人可以在合同中约定不可抗力条款，包括对不可抗力的具体范围、通知方式及时间等做出约定；

但是对于情势变更来说，当事人是不能够也不可能在合同中做出约定的。

六、抗辩权不同

在适用不可抗力规则的场合，当事人因不能履行，当然地享有中止履行的抗辩权，当事人中止履行不承担违约责任。

而在适用情势变更规定的场合，当事人具有与对方当事人进行协商变更或解除合同的义务，如协商不成，则只能通过法院或仲裁机构请求变更或解除，当事人并不具有中止履行的抗辩权。申言之，若当事人协商不成，又不起诉，则其中止履行的行为将承担相应的违约责任。

第二节　受新型不可抗力事件影响适用不可抗力或情势变更规则的情形

就特定新型不可抗力事件来讲，该事件对特定当事人的影响，以及当事人可以援引的规则需要根据当事人履行合同的困难单独进行判断。

一、新型不可抗力事件造成义务不能履行的适用不可抗力

当因新型不可抗力事件导致合同义务（或非合同义务）无法按约定履行或合同无法继续履行的，建筑企业可以主张适用不可抗力规则免除相应责任或解除合同。

例如新冠疫情下，政府禁止开复工，建筑企业因疫情影响不能按合同约定的工期完工，则建筑企业可主张不可抗力原因免除工期延误的责任，延长工期（免责）。

二、新型不可抗力事件造成义务履行艰难、显失公平的适用情势变更

当因新型不可抗力事件导致合同继续按照约定履行对建筑企业显失公平时，建筑企业可以主张适用情势变更规则，申请变更或解除合同。

例如因本次新冠疫情影响，人材机价格大幅度上涨，远远超出商业风险的范围，对于合同约定固定总价不调价的，建筑企业可申请法院变更合同约定，进而进一步调价。

情势变更规则，必须以提起诉讼、仲裁的方式，申请人民法院或仲裁委

员会适用，对合同予以变更。如建筑企业单方面通知合同相对人申请变更合同，而未获得同意，也未提起诉讼或仲裁，则可能承担相应的违约责任。

第三节　不可抗力持续时间的认定

不可抗力持续时间通常可根据政府主管部门发布的公告并结合其他事实进行确定，以本次新冠疫情为例，有关本次新冠疫情不可抗力影响的起止时间，可以参考上海市高院《关于涉新冠肺炎疫情案件法律适用问题的系列问答（二）》的意见："问题3：新冠肺炎疫情认定为不可抗力，起止时间如何确定？ 答：根据具体案件中新冠肺炎疫情对合同履行、合同目的实现或当事人行使权利的实际影响来确定。一般可根据合同履行地或当事人住所地的省级人民政府启动和终止重大突发公共卫生事件响应的时间来确定。当事人住所地或合同履行地省级人民政府未启动重大突发公共卫生事件响应的，可依据上海市人民政府启动和终止重大突发公共卫生事件响应的时间来确定。"

参照上述认定，新型不可抗力持续时间可按以下规则确定：

1. 以个案中义务履行所受到的实际影响确定；

2. 如无相反情况可推定为合同履行地或当事人住所地人民政府启动和终止突发事件响应的时间段，或政府发布的通告中公布的时间段；

3. 如有证据表明政府或其他部门发布的时间结束后，义务履行仍受影响的，对于该时间段仍可适用不可抗力和情势变更规则。

以本次新冠疫情为例，对于建设工程施工合同来说，按照疫情期间各地所发布的疫情防控工作及工地开复工通知来看，在各地突发事件响应尚未解除期间，各地住房和城乡建设主管部门并非强制要求工地不得开复工，而是要求在做好防控措施的基础上，有序开复工。对于建筑企业来说，并非合同履行地省级政府启动和终止突发公共卫生事件响应期间就完全不能开复工，不可抗力对施工合同的影响时间应综合工程所在地政府住房和城乡建设主管部门所发布的疫情防控工作通知以及开复工通知、具体工程受疫情影响的情况等进行综合判断。

第四节　突发事件应急响应解除后的时间段不可抗力 规则和情势变更规则的适用

建筑企业应当重点关注突发事件应急响应解除后的时间段中，不可抗力规则和情势变更规则的适用。原因在于对建筑行业来讲，建设工程施工合同通常履行周期较长，合同规模较大，牵扯范围较广，因此不可抗力对建筑企业的影响时间通常较长，在突发事件应急响应解除后仍对建筑企业有影响的可能性较大，而在这段时间内主张不可抗力免责通常需要准备更多的证明材料。

以本次疫情为例，如由于疫情影响，特定材料或设备的供应商恢复运营缓慢，在突发事件应急响应结束之后，该类材料或设备仍无法购买到，工程无法继续施工的，建筑企业仍可就该段时间主张不可抗力免责，申请工期顺延。

或如该类材料或设备在市场上供不应求，市场价极高，按照市场价购买材料或设备对建筑企业存在困难、显失公平的，建筑企业可申请适用情势变更原则，延长工期（特定时间过后再继续施工），或调整工程价款（由发包人承担涨价费用）。

建筑企业就突发事件应急响应解除后的时间段，如希望适用不可抗力规则或情势变更规则，应关注以下内容：建筑企业本身无法正常运营的原因与不可抗力事件的关系，人材机涨价原因与不可抗力事件的关系，材料、设备供应商无法恢复运营的原因与不可抗力事件的关系等各类合同履行受影响的原因与不可抗力事件之间的关系。

建筑企业可以以当地政府部门或造价处发布的文件、人材机价格在不可抗力事件前后的对比、供应商的声明或通知、新闻报道等多方面入手寻找相应证据。

第五节　注意区分不可抗力与意外事件

意外事件又称为意外事故，是指由于非当事人故意或过失所引起的事故。即事故的发生是当事人所不能预见的，且当事人主观上没有任何过错。意外事件在我国法律上并没有明确定义，但是多处使用了该概念，有些条款中的意外事件包括了不可抗力事件，有些条款规定的意外事件则区别于不可抗力事件。本文是从其区别角度来进行考虑的。如《最高人民法院关于适用〈中华人民共和国担保法〉若干问题的解释》第一百二十二条规定："因不可抗力、意外事件致使主合同不能履行的，不适用定金罚则。因合同关系以外第三人的过错，致使主合同不能履行的，适用定金罚则。受定金处罚的一方当事人，可以依法向第三人追偿。"

从一般的法律原则来理解，当事人对意外事件所引起的法律后果一般不承担法律责任，或按照公平原则由当事人分担责任。

不可抗力与意外事件的区别，最主要的是两者的范围和程度不同。不可抗力具有范围广、程度重大等特点，它与人本身的活动没有任何联系，影响的往往是非常多的人、比较广大的区域。且其在不可抗拒的程度、不能克服的程度上来讲，也比意外事件要深；而意外事件则是指当事人难以预料的偶发事件，如身体健康状况突然重大变化、交通事故、遭遇第三人意外阻碍等。意外事件范围一般较小，具有对象的特定性，与个人的活动一般密不可分，事件发生具有偶然性的特点，意外事件不具有普遍性，它只对遭遇事件的当事人产生影响。

有专家认为本次疫情应区分三种情况进行考虑，即疫情、疫情防控措施、被疫病感染三种情况，并认为疫情与被疫病感染不构成不可抗力事件，被疫病感染应被视为是意外事件，疫情防控措施则可能但并不当然构成不可抗力事件。这些专家的意见为认识本次疫情提供了不同的角度，具有一定的参考价值。我们认为，疫情、疫情防控措施、被疫病感染三者不能进行截然分开，事实上，三者是相互包含、相互作用的关系，如果没有人被疫病感染，就不可能存在此次疫情，如果没有人感染，就不会引发政府的防控措施。而政府的防控措施并不能立即将疫情完全扑灭，是通过防控减少人际传播，从而减少感染人数，控制疫情。而被感染新冠病毒具有范围广、受影响人多的特点，截至 5 月底，全世界已经有确诊病例 500 多万，我国确诊病人 8 万余人，其并不符合意外事件的小范围、与个人活动密切相关等特点，故被感染新冠病毒并不是意外事件，而是此次疫情这一不可抗力事件的一部分内容。除了从范围上看，被感染新冠病毒不能视为意外事件外，还因其传染性而具有相当强的外部性和社会性，感染者随便与人接触，很容易造成其他人被感染，且会造成社会恐慌，因此，一旦感染必须被强制隔离和治疗，擅自活动将被处于行政，甚至刑事处罚。因此，此次疫情应是由病毒（具有非常强的传染性及没有合适的疫苗和药物治疗的特征）、扩散的被感染者、政府及社会机构和个人为防控传播而采用的措施三者构成的有机整体，三者不可分割，疫情正是由这些个人感染的众多的"意外事件"构成的，这三者共同构成了此次疫情这一不可抗力事件。

第六节　注意区分情势变更与正常的商业风险

商业风险，是指民商事主体在从事民商事活动中，因各种不确定因素引起的，给民商事主体带来获利的机遇或带来损失的可能性的经济现象。物价的降浮，币值、汇率的涨落，市场的兴衰等可能是引起商业风险的原因，当然，这些也是可能构成情势变更的事由。

但是，情势变更与商业风险二者的法律效果却是截然不同的。如果是商业风险，按照风险自负原则，遭受不利益的一方当事人应当自行承担由此造成的损失；而如果被认定为情势变更，遭受不利益的一方当事人可以请求法院或仲裁机构变更或解除合同，风险由对方承担或双方分担。

具体来说，二者的主要区别如下：1）性质和意外程度不同。情势变更属于作为合同成立基础的客观环境发生了订立合同时相比异常的变动，所造成的风险属于意外的风险，此种变动幅度上较大，改变了合同成立的基础；而商业风险属于从事商业活动所固有的、内在的风险，变化未达到异常的程度，譬如一般的市场供求变化、价格正常涨落等，未改变合同签订时的客观基础。2）可预见性不同。情势变更原则以"订立合同时不能预见"为要件。《合同法司法解释二》也强调了在订立合同时情势的不可预见性。情势变更的发生，当事人签约时无法预见，而且根据实际能力和当时的具体条件，也不可能预见，即情势的变更超出了正常的范围，当然，也不排除当事人在个别情况下某种程度的预见，或不准确的预见。但是，在订立合同时，如果当事人虽未预见，但客观上是可以预见的，应由该当事人自行承担不利后果，而不能仅以自己不能预见为由不承担相应的后果。3）在可归责上不同。情势变更是不可预见的，所以双方当事人在主观上都没有过错，不可归责于双方当事人，应归结为交易本身之外的影响。而商业风险由于具有可预见性，故可以说当事人对此存有过失，当事人能够或者应当预见到将会发生商业风险，但甘愿冒风险或抱有侥幸心理。或是应预见未预见，存在认识上的过失，也应当自行承担相应的后果。4）二者所导致的后果和影响不同。情势变更的发生使合同的履行在客观上会使合同的基础发生根本性的动摇，使当事人履行艰难，甚至无法实现合同目的，如继续履行原合同，将对一方当事人明显不公，而对另一方当事人明显有利，与诚实信用原则和公平原则相违背。而在商业风险中，合同的基础没有发生根本变化，继续履行合同不会对一方当事人明显不公平或者不能实现合同目的，只是造成一定条件下的履行困难及履行合同费用的增加、利润的减少或并非重大的一般性亏损，或者是比较大的亏损，但是这种亏损是该种交易模式下正常的现象，可以预见。

就此次新冠疫情影响而言，在疫情存续期间，如果因为疫情影响发生人工、材料、机械等费用大幅上涨，导致建筑企业施工成本大增的情况，显然应该按照情势变更原则处理，对合同价格予以适当调增，对此当无争议。

但是，在疫情结束后，如果发生人工、材料、机械费用的大幅上涨，是否能适用情势变更原则对合同约定的价格进行调整呢？换言之，此时的价格涨跌是属于情势变更，还是属于正常的商业风险。对此，我们认为，应该区分对待，如果是在疫情刚结束比较短的时间内发生的人工、材料、机械价格大幅上涨，一般可以认为是，因为疫情期间影响了很多工程的正常施工，在疫情结束后大量的工程进入正式的施工阶段，对人工、材料、机械的需要量大增；另一方面，劳动力的释放有一个过程，而材料设备的生产也需要一个过程，因此导致供需矛盾紧张，从而引发价格上涨，表面上看，这是市场供求关系引起的，属于正常的商业风险，但实际上，这种供求关系的紧张局面是由此次疫情所引起的，从可归责性上讲，不能归责于任何一方当事人，也是当事人在签订合同时所不能预见的，性质上属于客观环境发生了重大变化，而不是原来的工程合同交易关系内在的、固有的风险，故应该认为属于情势变更，应当予以调整合同价格。

在另外一种情况下，如果是在疫情结束后较长一段时间发生了人材机价格大幅上涨的情况，或是疫情结束后发生的人材机价格大幅上涨持续了很长的一段时间，这种情况下能否适用情势变更规则进行调价呢？我们认为，从我国多年的市场经济的发展情况来看，人材机价格基本都是在保持着向上的态势，而由于近两年经济结构的调整和周期性的影响等因素，经济存在下行的风险，加之，因新冠疫情的影响严重拖累了经济，国家采取刺激投资，增加基础建设投入、加大项目建设规模等手段刺激经济，除了新冠疫情的影响之外，其他的应该具有一定程度的可预见性，属于建设工程合同交易的内在风险，属于正常的商业风险的范围。但是，这里面确实也应该存在疫情影响的因素，只是正常的商业风险与疫情的影响各种占多大比例，这个恐怕很难分清。因此，我们认为，除非发生比较大幅度的涨价，一般性的涨价不应视为是此次新冠疫情造成的情势变更，应属于商业风险的范畴，如果发生了比较大幅度的涨价，致使施工企业履行合同特别艰难，发生大量亏损，此时，宜用情势变更原则对合同进行部分调整，免使承包人承担过多风险，从而产生显失公平的后果。

第四章

新型不可抗力事件工程索赔和反索赔概述

第一节　索赔的概念和种类

建设工程的索赔，是指在工程承包合同履行中，当事人一方由于另一方未履行合同所规定的义务或其他可归责于对方的责任而遭受损失时，向另一方提出赔偿要求的行为，或者工程一方当事人因为合同的约定可以获得工期的延长或经济的补偿时，依据一定的程序和方式向另一方主张自己的权利的行为。在实际工作中，"索赔"是双向的，发包人和承包人都可能提出索赔要求。通常情况下，索赔是指承包人（施工单位）在合同实施过程中，对非自身原因造成的工程延期、费用增加而要求发包人给予补偿损失的一种权利要求。而发包人对于属于承包人应承担责任造成的，且实际发生了损失，向承包人要求赔偿，称为反索赔。索赔的性质属于经济补偿行为，而不是惩罚。索赔在一般情况下都可以通过协商方式友好解决，若双方无法达成共识时，争议可通过仲裁或诉讼解决。

一、索赔的分类

索赔可以从不同的角度、按不同的标准进行以下分类：

（一）按索赔发生的原因分类

如施工准备、进度控制、质量控制、费用控制及管理等原因引起的索赔，这种分类能明确指出每一项索赔的根源所在，使发包人和工程师便于审核分析。

（二）按索赔的目的分类

可分为工期索赔和费用索赔。工期索赔就是要求业主延长施工时间，使原规定的工程竣工日期顺延，从而避免了违约罚金的发生；费用索赔就是要求发包人或承包人双方补偿费用损失，进而调整合同价款。

（三）按索赔的依据分类

可分为合同约定的索赔、非合同约定的索赔。合同约定的索赔是指索赔涉及的内容在合同文件中能够找到依据，发包人或承包人可以据此提出索赔要求。这种索赔不太容易发生争议。非合同约定的索赔是指索赔涉及的内容在合同文件中没有专门的文字叙述，但可以根据该合同某些条款的含义，推论出一定的索赔权。

（四）按索赔的有关当事人分类

可分为承包商和业主之间的索赔；总承包商同分承包商之间的索赔；承包商同供应商之间的索赔；承包商向保险公司、运输公司的索赔等。

（五）按索赔的业务性质分类

可分为工程索赔和商务索赔。工程索赔是指涉及工程项目建设中施工条件或施工技术、施工范围等变化引起的索赔，一般发生频率高，索赔费用大；商务索赔是指实施工程项目过程中的物资采购、运输、保管等方面活动引起的索赔事项。

（六）按索赔的处理方式分类

可分为单项索赔和总索赔。单项索赔就是采取一事一索赔的方式，即按每一件索赔事项发生后，报送索赔通知书，编报索赔报告，要求单项解决支付，不与其他的索赔事项混在一起；总索赔，又称综合索赔或一揽子索赔，即对整个工程（或某项工程）中所发生的数起索赔事项，综合在一起进行索赔。

二、索赔的证据

建设工程施工中的索赔是发、承包双方行使正当权利的行为，承包人可向发包人索赔，发包人也可向承包人索赔。任何索赔事件的确立，其前提条件是必须有正当的索赔理由。对正当索赔理由的说明必须具有证据，因为进行索赔主要是靠证据说话。没有证据或证据不足，索赔是难以成功的。这就是说，当合同一方向另一方提出索赔时，要有正当的索赔理由，且有索赔事件发生时的有效证据，证据是决定索赔是否成功的关键因素。

（一）对索赔证据的要求：

1. 真实性。索赔证据必须是在实施合同过程中确定存在和发生的，必须完全反映实际情况，能经得住推敲。

2. 全面性。所提供的证据应能说明事件的全过程。索赔报告中涉及的索赔理由、事件过程、影响、索赔数额等都应有相应证据，不能零乱和支离破碎。

3. 关联性。索赔的证据应当能够互相说明，相互具有关联性，不能互相矛盾。

4. 及时性。索赔证据的取得及提出应当及时，符合合同约定。

5. 具有法律证明效力。一般要求证据必须是书面文件，有关记录、协议、纪要必须是双方签署的；工程中重大事件、特殊情况的记录、统计必须由合同约定的发包人现场代表或监理工程师签证认可。

（二）索赔证据的种类：

1. 招标文件、工程合同、发包人认可的施工组织设计、工程图纸、技术规范等。

2. 工程各项有关的设计交底记录、变更图纸、变更施工指令等。

3. 工程各项经发包人或合同中约定的发包人现场代表或监理工程师签认的签证。

4. 工程各项往来信件、指令、信函、通知、答复等。

5. 工程各项会议纪要。

6. 施工计划及现场实施情况记录。

7. 施工日报及工长工作日志、备忘录。

8. 工程送电、送水、道路开通、封闭的日期及数量记录。

9. 工程停电、停水和干扰事件影响的日期及恢复施工的日期记录。

10. 工程预付款、进度款拨付的数额及日期记录。

11. 工程图纸、图纸变更、交底记录的送达份数及日期记录。

12. 工程有关施工部位的照片及录像等。

13. 工程现场气候记录，如有关天气的温度、风力、雨雪等。

14. 工程验收报告及各项技术鉴定报告等。

15. 工程材料采购、订货、运输、进场、验收、使用等方面的凭据。

16. 国家和省级或行业住房和城乡建设主管部门有关影响工程造价、工期的文件、规定等。

从本次新冠疫情角度来说，更多地要从承包人的履行受到疫情影响的角度来准备和收集证据。从上述举例可以说明，索赔证据资料的范围很广，它可能包括工程项目施工过程中所涉及的有关政治、经济、技术、财务资料等各方面的材料。在引用证据时要注意该证据的效力或可信程度。为此，对重要的证据资料最好附以文字证明或确认件。例如，对一个重要的电话内容，仅附上自己的记录本是不够的，最好附上经过双方签字确认的电话记录；或附上发给对方要求确认该电话记录的函件，即使对方未给复函，也可说明责任在对方，因为对方未复函确认或修改，会给人感觉对方是故意回避此事，这样做在诉讼或仲裁时是很有利的。

第二节　索赔的程序

关于索赔的程序，基本所有的合同范本或文件都有规定，一般来说，索赔程序包括两个部分，一个是承包人的索赔，另一个是发包人的索赔。下面以比较常见的合同文本中的内容来进行说明。

一、承包人的索赔程序

如果发包人未能履行合同文件约定的义务、发包人履行的义务存在错误或其他由发包人负责的情形给承包人造成损失，承包人可按照以下约定向发包人提出索赔。

1. 承包人索赔的提出

（1）承包人应当在知道或应当知道索赔事件发生后 28 天内，向发包人提交索赔意向报告，并说明提出索赔的理由。

（2）承包人应当在发出索赔意向报告后28天内，向发包人正式提交索赔报告。索赔报告应当详细说明索赔理由以及要求追加的付款金额和（或）延长的工期，并附必要的记录和证明材料。

（3）索赔事件具有连续影响的，承包人应当按照合理时间间隔继续递交延续索赔报告，说明连续影响的实际情况和记录，列出累计的追加付款金额和（或）工期延长天数。

（4）在索赔事件影响结束后的28天内，承包人应当向发包人提交最终索赔报告，说明最终要求索赔的追加付款金额和延长的工期，并附必要的记录和证明材料。

2. 承包人索赔的处理

（1）发包人收到承包人提交的索赔报告后，应当及时审查索赔报告的内容、查验承包人的记录和证明材料，必要时发包人可要求承包人提交全部原始记录复印件。

（2）发包人应当按照合同文件约定对承包人提出的追加付款和（或）延长工期的要求进行审核和确认，并在收到上述索赔报告或有关索赔的进一步证明材料后的28天内，将索赔处理结果答复承包人。

（3）如果发包人在收到上述索赔报告或有关索赔的进一步证明材料后的28天内未答复承包人处理结果的，则视同发包人接受了承包人的索赔要求。

（4）承包人接受索赔处理结果的，按照合同约定完成赔付。承包人不接受索赔处理结果的，按照合同的约定解决争议。

3. 承包人提出索赔的期限

（1）如果承包人未按照上述条文的时间要求提出索赔，视为承包人已放弃了对相关事件的索赔。

（2）如果承包人以书面形式确认了发包人审定的竣工结算报告后，应当被认为已无权再提出竣工结算前所发生的任何索赔。

（3）承包人提交的最终合同价款结清申请单中，只限于提出承包人书面形式确认了发包人审定的竣工结算报告后发生的索赔。提出索赔的期限自办理完合同价款最终结清手续之日止。承包人的索赔要求被批准后，其应当获得的索赔款由发包人随当期工程进度款支付。

二、发包人的索赔程序（即反索赔）

如果承包人未能按照本合同约定履行合同文件约定的义务或承包人所履行的义务存在错误给发包人造成损失，发包人可按照以下约定向承包人提出索赔。

1. 发包人索赔的提出

（1）发包人应当在知道或应该知道索赔事件发生后28天内，向承包人提交索赔意向报告，并说明提出索赔的理由。

（2）发包人应当在发出索赔意向报告后28天内，向承包人正式提交索赔报告。索赔报告应当详细说明索赔理由以及有权得到的索赔金额和（或）延长的缺陷责任期，并附必要的记录和证明材料。

（3）索赔事件具有连续影响的，发包人应当按照合理时间间隔继续提交延续索赔报告，说明连续影响的实际情况和记录，列出累计的索赔金额和（或）缺陷责任期延长天数。

（4）在索赔事件影响结束后的28天内，发包人应当向承包人提交最终索赔报告，说明最终要求索赔的金额和延长的缺陷责任期，并附必要的记录和证明材料。

2. 发包人索赔的处理

（1）承包人收到发包人提交的索赔报告后，应当及时审查索赔报告的内容、查验发包人的记录和证明材料，必要时承包人可要求发包人提交全部原始记录副本。

（2）承包人应当按照合同文件约定对发包人提出的索赔金额和（或）延长的缺陷责任期的要求进行审核和确认，并在收到上述索赔报告或有关索赔的进一步证明材料后的28天内，将索赔处理结果答复发包人。

（3）如果承包人在收到上述索赔报告或有关索赔的进一步证明材料后的28天内未答复发包人处理结果的，则视同承包人接受了发包人的索赔要求。

（4）发包人接受索赔处理结果的，按照第39.2.5项的约定完成赔付，发包人不接受索赔处理结果的，按照第43条的约定解决争议。

3. 发包人提出索赔的期限

（1）如果发包人未按照合同约定的时间要求提出索赔，视为发包人已放弃了对相关事件的索赔。

（2）当发包人开具了合同所约定的竣工结算书后，应当被认为已无权再提出竣工结算前所发生的任何索赔。

（3）发包人在开具竣工结算书后，所提出的索赔要求，只限于开具竣工结算书至办理合同价款最终结清手续期间所发生的索赔事件。提出索赔的期限至办理完合同价款最终结清手续之日止。

承包人应当付给发包人的索赔金额可从发包人拟支付给承包人的合同价款中扣除，或由承包人以其他方式支付给发包人。当拟支付给承包人的合同价款已不足以满足索赔金额时，承包人应当在接受索赔处理结果后 28 天内，将其差额赔偿给发包人。

第三节　索赔报告

根据以上索赔程序的要求，一方当事人提出索赔的，应向对方提出索赔的报告。索赔报告对于索赔成功与否具有很大的作用。

一、索赔报告的内容

索赔报告的具体内容，随该索赔事件的性质和特点而有所不同。但从报告的必要内容与文字结构方面而论，一个完整的索赔报告应包括以下四个部分：

1. 总论部分。一般包括以下内容：序言；索赔事项概述；具体索赔要求；索赔报告编写及审核人员名单。文中首先应概要地论述索赔事件的发生日期与过程；施工单位为该索赔事件所付出的努力和附加开支；施工单位的具体索赔要求。在总论部分末尾，附上索赔报告编写组主要人员及审核人员的名单，注明有关人员的职称、职务及施工经验，以表示该索赔报告的严肃性和权威性。总论部分的阐述要简明扼要，说明问题。

2. 依据部分。本部分主要是说明自己具有的索赔权利，这是索赔能否成立的关键。依据部分的内容主要来自该工程项目的合同文件，并参照有关法律规定。该部分中施工单位应引用合同中的具体条款，说明自己理应获得经济补偿或工期延长。依据部分的篇幅可能很大，其具体内容随各个索赔事件的特点而不同。一般地说，依据部分应包括以下内容：索赔事件的发生情况；

已递交索赔意向书的情况；索赔事件的处理过程；索赔要求的合同根据；所附的证据资料。在写法结构上，按照索赔事件发生、发展、处理和最终解决的过程编写，并明确全文引用有关的合同条款，使发包人和监理工程师能历史地、逻辑地了解索赔事件的始末，并充分认识该项索赔的合理性和合法性。

3. 计算部分。索赔计算的目的，是以具体的计算方法和计算过程，说明自己应得经济补偿的款额或延长时间。如果说依据部分的任务是解决索赔能否成立，则计算部分的任务就是决定应得到多少索赔款额和工期。前者是定性的，后者是定量的。在款额计算部分，施工单位必须阐明下列问题：索赔款的要求总额；各项索赔款的计算，如额外开支的人工费、材料费、管理费和所失利润；指明各项开支的计算依据及证据资料，施工单位应注意采用合适的计价方法。至于采用哪一种计价法，应根据索赔事件的特点及自己所掌握的证据资料等因素来确定。其次，应注意每项开支款的合理性，并指出相应的证据资料的名称及编号。切忌采用笼统的计价方法和不实的开支款额。

4. 证据部分。证据部分包括该索赔事件所涉及的一切证据资料，以及对这些证据的说明，证据是索赔报告的重要组成部分，没有翔实可靠的证据，索赔是不能成功的。

二、编写索赔报告的一般要求

索赔报告是具有法律效力的正规的书面文件。对重大的索赔，最好在律师或索赔专家的指导下进行。编写索赔报告的一般要求有以下几方面。

1. 索赔事件应该真实。索赔报告中所提出的干扰事件，必须有可靠的证据来证明。对索赔事件的叙述，必须明确、肯定。不包含任何估计的猜测。

2. 责任分析应清楚、准确、有根据。索赔报告应仔细分析事件的责任，明确指出索赔所依据的合同条款或法律条文，且说明施工单位的索赔是完全按照合同规定程序进行的。

3. 充分论证事件造成施工单位的实际损失。索赔的原则是赔偿由事件引起的施工单位所遭受的实际损失，所以索赔报告中应强调由于事件影响，使施工单位在实施工程中所受到干扰的严重程度，以致工期拖延，费用增加；并充分论证事件影响实际损失之间的直接因果关系；报告中还应说明施工单位为了避免或减轻事件影响和损失已尽了最大的努力，采取了所能采用的措施。

4. 索赔计算必须合理、正确。要采用合理的计算方法的数据，正确地计算出应取得的经济补偿款额或工期延长。计算中应力求避免漏项或重复，不出现计算上的错误。

5. 文字要精炼、条理要清楚、语气要中肯。索赔报告必须简洁明了、条理清楚、结论明确、有逻辑性。索赔证据和索赔值的计算应详细和清晰，没有差错而又不显烦琐。语气措辞应中肯，在论述事件的责任及索赔根据时，所用词语要肯定，忌用"大概""一定程度""可能"等词汇。在提出索赔要求时，语气要恳切，忌用强硬或命令式的口气。

三、计算索赔费用的方法

在索赔报告中，必然要涉及索赔费用的计算。索赔费用的计算方法有：实际费用法、总费用法和修正的总费用法。

1. 实际费用法

实际费用法是计算工程索赔时最常用的一种方法。这种方法的计算原则是以承包商为某项索赔工作所支付的实际开支为根据，向业主要求费用补偿。用实际费用法计算时，在直接费的额外费用部分的基础上，再加上应得的间接费和利润，即是承包商应得的索赔金额。由于实际费用法所依据的是实际发生的成本记录或单据，所以，在施工过程中，系统而准确地积累记录资料是非常重要的。实际费用法实际上就是单项索赔，单项索赔就是采取一事一索赔的方式，即在每一件索赔事项发生后，递交索赔通知书，编报索赔报告书，要求单项解决支付，不与其他的索赔事项混在一起。单项索赔是施工索赔通常采用的方式。它避免了多项索赔的相互影响制约，所以解决起来比较容易。我国目前的各个合同范本基本上采用的都是这种索赔费用的计算方法。

2. 总费用法

总费用法就是当发生多次索赔事件以后，重新计算该工程的实际总费用，实际总费用减去投标报价时的估算总费用，即为索赔金额，即：索赔金额＝实际总费用－投标报价估算总费用。之所以采用总费用法，是由于有时候承包人的施工过程中受到非常严重的干扰，以致承包人的全部施工活动与原来的计划大不相同，原合同规定的工作与变更后的工作相互混淆，承包人无法为索赔保持准确而详细的成本记录资料，无法分辨哪些费用是原定的，哪些费用是新增的，在这种条件下，无法采用单项索赔的方式，而只能采用综合索赔，也即总费用法，即对整个工程（或某项工程）中所发生的数起索赔事项，综合在一起进行索赔。采取这种方式进行索赔，是在特定的情况下被迫采用的一种索赔方法。不少人对采用该方法计算索赔费用持批评态度，因为实际发生的总费用中可能包括了承包商的原因，如施工组织不善而增加的费用；同时投标报价估算的总费用也可能为了中标而过低。所以这种方法只有在难以采用实际费用法时才应用。

采取总费用法时，承包人必须提出以下证明：1）承包商的投标报价是合理的；2）实际发生的总成本是合理的；3）承包商对成本增加没有任何责任；4）不可能采用其他方法准确地计算出实际发生的损失数额。虽然如此，承包人应该注意，尽量避免采取综合索赔的方式，因为它涉及的争论因素太多，一般很难成功。

3. 修正的总费用法

修正的总费用法是对总费用法的改进，即在总费用计算的原则上，去掉一些不合理的因素，使其更合理。修正的内容如下：1）将计算索赔款的时段局限于受到外界影响的时间，而不是整个施工期；2）只计算受影响时段内的某项工作所受影响的损失，而不是计算该时段内所有施工工作所受的损失；3）与该项工作无关的费用不列入总费用中；4）对投标报价费用重新进行核算：按受影响时段内该项工作的实际单价进行核算，乘以实际完成的该项工作的工程量，得出调整后的报价费用。按修正后的总费用计算索赔金额的公式如下：索赔金额＝某项工作调整后的实际总费用－该项工作的报价费用。修正的总费用法与总费用法相比，有了实质性的改进，它的准确程度已接近于实际费用法。

四、利润索赔分析

1. 利润索赔的概念

利润索赔，就是对由于一方当事人原因造成的或是应由一方当事人承担赔偿或补偿责任的事件，除了赔偿该事件造成的直接损失外，还需赔偿该事件造成的利润损失。利润索赔包括两种，一种是对由于发包人原因承包人不再施工的部分工程计算可得利益，即未施工工程的利润；另一种是对某一事件造成了承包人的损失，在直接损失的基础上计算利润。

2. 工程直接费、间接费、利润与违约损害赔偿的关系

一般来说，建设工程的费用由直接费、间接费、利润和税金组成，其中直接费由直接工程费和措施费组成。直接工程费：是指施工过程中耗费的构

成工程实体的各项费用，包括人工费、材料费、施工机械使用费。人工费：是指直接从事建筑安装工程施工的生产工人开支的各项费用。材料费：是指施工过程中耗费的构成工程实体的原材料、辅助材料、构配件、零件、半成品的费用。施工机械使用费：是指施工机械作业所发生的机械使用费以及机械安拆费和场外运费。措施费：是指为完成工程项目施工，发生于该工程施工前和施工过程中非工程实体项目的费用。间接费由规费、企业管理费组成。规费：是指政府和有关权力部门规定必须缴纳的费用（简称规费）。企业管理费：是指建筑安装企业组织施工生产和经营管理所需费用。利润：是指施工企业完成所承包工程获得的盈利。税金：是指国家税法规定的应计入建筑安装工程造价内的营业税、城市维护建设税及教育费附加等。

由于上述费用中只有直接费可以根据工程的实际情况进行详细的计算，其他的费用都是在直接费或某部分直接费的基础上直接按照一定的费率计算得出。上述费用中的间接费虽然不能直接计算得出，但是，却是一个建筑企业实际发生的费用或将要实际发生的费用。

根据我国《民法典》第五百八十四条（原《合同法》第一百一十三条）的规定："当事人一方不履行合同义务或者履行合同义务不符合约定，造成对方损失的，损失赔偿额应当相当于因违约所造成的损失，包括合同履行后可以获得的利益；但是不得超过违约一方订立合同时预见到或者应当预见到的因违约可能造成的损失。"根据《合同法司法解释二》第二十九条第一款规定："当事人主张约定的违约金过高请求予以适当减少的，人民法院应当以实际损失为基础，兼顾合同的履行情况、当事人的过错程度以及预期利益等综合因素，根据公平原则和诚实信用原则予以衡量，并作出裁决。"由此可见，我国法律规定的违约损害赔偿是以实际损失为基础的，实际损失包括直接损失和间接损失，所谓直接损失，是指现有财产（利益）的减少，所谓间接损失是将来可得财产（利益）的失去。

除了非违约问题而产生的工程索赔外，工程索赔的实质，就是工程违约一方向工程守约方赔偿因其违约而给工程守约方造成的损失，因此其损失当然应该包括直接损失和间接损失。从上述关于建设工程费用组成的规定可以看出，工程承包人支出的直接费无疑是属于直接损失的范畴，而工程的间接费，即企业管理费和规费是否属于直接损失的范畴，则是存在争论的。笔者认为，建筑企业实际发生的企业管理费和实际缴纳的规费虽然不能直接计算出来，但是这些费用却是必然要发生的，只是按照工程价款计算方法计算出来的企业管理费和规费，与企业实际发生的企业管理费和实际缴纳的规费绝大部分情况下肯定是不一致的，但是这只是计算方法的问题，并不影响企业管理费和规费是工程承包人实际支出的费用的性质，也就是说，企业管理费和规费是属于违约赔偿中的直接损失的范畴。所以，工程索赔时，索赔费用的计算包括工程直接费和间接费，这在实践中争议不大。

但是，对于工程间接费的计算方法，在实践中却是有争议的。比如承包人提出，承包人投标时其企业管理费是做了让利处理的，因此按照工程合同约定的企业管理费的计算方法和费率，不足以弥补其实际损失，因此应该提高企业管理费赔偿的额度；发包人也可以提出，承包人的企业管理根本就不到位，很多该支出的费用都没有支出，因此按照合同约定的企业管理费的计算方法和费率计算出的企业管理费太高，应予减少。笔者认为，由于建设工程承发包双方在签订合同时，在合同中设定了企业管理费和规费的计算方法和费率，虽然合同并未表明这种约定是为了计算损害赔偿而设立的，但是，由于这种计算方法所针对的对象与损害赔偿要计算的对象在实质和内容上是一样的，因此，这应该相当于双方在合同中事先约定了损害赔偿的计算方法，按照约定的损害赔偿计算方法计算出来的损害赔偿即使与实际的损害不一致，对合同双方也是有约束力的。

对于建设工程费用组成中的利润，笔者认为这就相当于《民法典》合同编规定的损害赔偿中的间接损失，即可得利益的损失，虽然也存在着计算方法上的疑问，但是，正如上文所述，这也可以理解为是一种双方约定的损害赔偿的计算方法。因此，笔者认为，工程索赔的费用范围，应该包括工程直接费、间接费和利润及税金在内的全费用索赔。当然，对于不属于发包人违约而产生的索赔，笔者认为，这种索赔只能计算工程直接费、间接费，而不得计算利润。

第四节　新型不可抗力事件下索赔与反索赔注意事项

在新型不可抗力事件下谈索赔与反索赔，有以下几个问题要注意：

一、注意不可抗力条款中通知程序与索赔程序的关系处理

新型不可抗力事件发生后，是按照不可抗力条款约定的通知程序去通知

发包人和主张相应的损失赔偿和工期顺延，还是应按索赔程序条款中约定的程序去主张，现在有争议，对此，在其他章节中有阐述，此处不再赘述。

但是，对于按照不可抗力条款履行了相应的通知义务和报告义务，并按不可抗力条款处理无法取得一致或未得到发包人回应，而又暂时不想提起诉讼或仲裁的，可以考虑通过索赔程序再发出相应的索赔通知和报告。

二、新型不可抗力事件过后的权利主张宜先通过协商处理，如协商不成再通过索赔条款处理

新型不可抗力事件过后，如果因为新型不可抗力事件的影响，使得人工、材料、机械价格大幅上涨，而使得承包人履行艰难，此时不能通过不可抗力条款主张免责或调整合同约定。建筑企业应先通过与发包人协商的方式，要求调整合同约定的价款，如果协商不成，可以先通过索赔条款发出索赔通知，提出自己的主张，如果通过索赔条款仍不能解决的，则需要通过诉讼仲裁程序解决。当然，此种情况下，应适用的法律规则是情势变更规则，建筑企业通过协商无法变更合同约定的情况下，可以通过索赔程序处理，也可以不通过索赔程序而直接提起诉讼仲裁。

三、注意"逾期失权"问题

对于新型不可抗力事件，不管是按不可抗力条款程序处理，还是按索赔条款程序处理，建筑企业都应按合同约定的时间履行相应的通知等义务。以2017版《示范文本》和2013版《建设工程工程量清单计价规范》为例，工期延误索赔程序大致分为三个阶段：

（1）承包人自知道或应当知道延误事件之日起28天内，向监理人发出索赔意向通知书；未及时发出该通知的承包人，丧失要求追加付款和工期顺延的权利，即"逾期失权"。

（2）承包人应在发出索赔意向通知书后28天内，向监理人正式递交详细索赔报告；索赔报告应详细说明索赔理由以及要求追加的付款金额和（或）延长的工期，并附必要记录及证明材料。若索赔事件具有持续影响的，承包人应按合理的时间间隔持续递交索赔通知，说明持续影响的实际情况和记录，列出累计的追加付款金额和（或）工期延长天数。

（3）索赔事件结束后28天内，承包人均应向监理人递交最终索赔报告，

说明最终要求延长的工期，并附必要记录及证明材料。

　　针对工期顺延和"逾期失权"的认定问题，《合同法司法解释二》第六条的规定，体现出最高人民法院的态度——既尊重合同约定，也兼顾公平，认可当事人关于"逾期失权"的约定，但允许例外：1) 承包人能证明已按约定时限申请顺延且顺延符合约定的，即使发包人不确认，法院也支持；2)"逾期失权"后，如果发包人同意顺延或承包人能提出合理抗辩，则"逾期失权"失效。

第五章

建筑企业涉新型不可抗力事件案件诉讼仲裁指引

第一节　建筑企业涉新型不可抗力事件案件诉前准备

一、涉新型不可抗力事件案件诉讼仲裁时机把握

1. 提起诉讼仲裁的基本判断原则

我们作为建设工程和房地产专业法律服务团队，办理了大量的工程和房地产诉讼仲裁案件。但是，我们一贯向当事人建议，对于工程案件，在能够协商解决的情况下尽量协商解决，只有确实无法协商解决的，再通过诉讼仲裁解决。其原因在于，考虑到目前我国的司法现状，建设工程案件往往周期比较长，对于着急回收工程款的建筑企业来说，如果没有一定的经济储备，贸然通过诉讼仲裁程序解决纠纷，将会存在一定的难度。

另一方面，我们也向建筑企业当事人建议，对于有些工程项目的纠纷，如果从开始时便能发现发包人存在故意拖延时间、故意不解决问题、故意等工程项目全部竣工交付使用再秋后算账，或是故意在资产转移完毕后再抵赖等情况，我们会建议当事人不要再犹豫不决，而是应该当机立断地提起诉讼仲裁，维护自己的权益。其原因在于，对于发包人故意为难的情况，建筑企业最终几乎不能通过谈判解决问题，如果等待谈判的时间过长，反而可能会给发包人提供为难自己的时间和空间，从而丧失良机，无奈吞下苦果。当然，我们在此处的说法并不代表只有发包人才会故意为难，不讲诚信，其实有些建筑企业也存在不讲诚信的情况，我们始终认为，以诚为本，才是建筑企业的生存之道。对于建筑企业来说，只有从开始就站在讲信用、守合约的位置

上，才能在诉讼仲裁案件中立于不败之地。

2. 涉新型不可抗力事件案件诉讼仲裁时机把握

对于涉新型不可抗力事件案件，前已述及，如通过不可抗力规则免责，及通过不可抗力条款分担相应的损失或通知解除合同，当事人并不需要通过诉讼仲裁而当然地享有相关的抗辩权，虽没有履行相关义务却不用承担违约责任。对于不属于适用不可抗力规则处理，也即不属于不能履行的情况，而属于艰难履行的情况，则建筑企业应首先通过向发包人提出协商处理的建议，并提出相应方案。如合理时间内协商不成，则应提起诉讼仲裁，而不能当然地不履行相关义务。如果建筑企业不履行相关义务则要承担相应的违约责任。比如在建筑企业以人工费受新型不可抗力事件影响涨价太多为由要求发包人调整合同价款，而发包人拒绝调整或不予回应的场合，建筑企业不提起诉讼仲裁而径行停工，则建筑企业将承担相应的违约责任，除非在其后提起的诉讼仲裁案件中，法院或仲裁机构从具体事实和情况考虑，免除或减轻其违约责任。

对于涉新型不可抗力事件案件，尤其是涉及依据人材机价格上涨情况要求变更合同价款的情形，建筑企业应在多长时间内进行协商？多长时间内协商不成则应提起诉讼仲裁？多长时间内不提起诉讼仲裁就将丧失要求调整合同价款的权利？对于此种情况，我们认为，目前法律没有明确规定。考虑到对于情势变更规则的适用，当事人无法提前在合同中进行约定，故无法依据合同有关条款来处理。有些人认为，合同中约定了关于承包人提出工程变更情况下或索赔情况下承包人应提出相关调价文件或索赔文件的时间要求，如果超过时间要求，则承包人丧失相关的权利。对此，笔者不能认可。其原因在于，承包人提出工程变更或索赔的依据在于合同约定或法律规定的权利或利益，而在情势变更规则适用的情况下，显然当事人并不是依据合同而享有该等权利。相反，依据合同，当事人并不享有该等权利。当事人亦不是依据法律享有该等权利，而是依据法律享有向法院或仲裁机构提出变更或解除请求的权利，并不是当然享有这些裁判变更或解除后产生的权益，因此这些权益也不是当事人依据法律规定所享有的。故此，在情势变更规则适用的情况下，当事人未按合同约定的工程变更程序或索赔程序提出工程价款变更主张或索赔的，并不能依据合同约定"逾期失权"条款而剥夺其权利。当然，这是笔者的一家之言，就该问题，由于其本身的复杂性，难免出现认识不一致的情况，为了避免因认识不一致而导致某些不利益的后果，我们建议建筑企业亦应按照合同约定的工程变更程序或索赔程序提出相应的变更价款的主张。

回到上述问题：建筑企业应在多长时间内进行协商？多长时间内协商不成应提起诉讼仲裁？多长时间内不提起诉讼仲裁就将丧失要求调整合同价款的权利？由于法律并无明文规定，故我们认为，这些行为都应在合理时间内进行，至于什么情况可以视为合理，既要考虑不可抗力事件的影响，也要考虑当事人之间协商的进程，如果当事人之间在协商过程中，则不宜认为，建筑企业未在相当长的时间内提出变更合同价款的主张，就不能再提出这样的主张。如果发承包双方虽然没有一直在就涨价事宜进行协商，但建筑企业曾提出了这样的主张，发包人进行了回应或没有进行回应，但建筑企业随后并没有在合理的时间内（比如没有在一年时间内提出相关的诉讼或仲裁主张），但是在工程最后价款结算时，提出相应的调价主张，是否应视为建筑企业已经丧失了这些调价的权利？我们认为，只要最后能认定是因为新型不可抗力事件的影响导致的人材机价格大幅上涨而使得承包人发生履行艰难的情况，考虑到我国目前的工程市场的现状，即发承包双方都比较习惯于在工程竣工结算时就相关调价问题进行协商和处理，而法律并没有明文规定此种情况下不能再提起情势变更之诉，应该认为建筑企业仍有权提出相关诉讼仲裁请求，裁判机关亦应根据具体情况来认定是否应调整合同关于价款的条款。

当然，为了避免不必要的麻烦，我们建议建筑企业在就受新型不可抗力事件影响调价问题上，首先，应持续地与发包人进行沟通和谈判。其次，在确实通过协商和谈判不成的情况下，应适时提出诉讼仲裁，时间上建议在确实不能协商或谈判的情况发生后，宜不超出三个月的时间内提出诉讼仲裁。

二、提前做好涉新型不可抗力事件案件诉讼仲裁准备

前文已经述及，对于涉及新型不可抗力事件案件，当事人应该首先通过协商解决，协商不成的再通过诉讼仲裁解决。建筑企业提起诉讼仲裁，从而形成建设工程案件，建设工程案件是工程的发包方与承包方之间发生工程承包合同争议而产生的案件。从本团队接触的各个案件来分析，该类案件大致可以分为三种类型：一为因发包人拖欠工程款、不履行其他合同义务而引发的纠纷，承包人为了维护自身权益而提起的诉讼或仲裁；二为因承包人工期拖延、质量不合格、发生安全事故、不履行其他合同义务而引发的纠纷，发包人为了维护自身权益而提起诉讼或仲裁；三是发包人与承包人对合同的价

款、质量标准、材料品质、开竣工时间、洽商变更等事项发生分歧而引发的纠纷，发包人或承包人为了解决纠纷而提起的诉讼或仲裁。

结合本团队的经验，上述三类案件中，以第一类案件居多，同时该类案件隐藏的社会危害性也特别大。因为建设工程价款一般是由人工、材料、机械三部分组成的，如果承包人不能取得应得的工程款，其就会拖欠劳务分包方的款项，从而导致拖欠农民工工资，引发社会问题。另外，如果工程款拨付不及时，也会影响承包人购买建筑材料的品质，引发建筑质量问题。当然，就本次疫情来讲，可能存在的情况是，发承包双方就停工费用、疫情防控费用、人材机涨价费用是否可以进行调整、如何调整等问题无法协商解决，从而产生争议。当然，还有可能存在的情况是，因为发包人应调增合同价款而故意不调增，或是承包人借疫情之机把正当应履行的义务或承担的责任故意推脱，如故意拖延工期，从而产生纠纷。

考虑到经济因素始终是发承包双方最为关心的问题，也往往是建设工程案件的争议核心，因此，本书重点从第一类案件，即建筑企业追讨工程款的案件来分析建设工程案件的诉讼仲裁技巧。

1. 调查发包人资产和债权债务情况

本阶段主要工作为调查工程发包人的资产状况，为财产保全及未来的执行作准备。调查范围一般包括银行存款、不动产、动产、股权或投资收益、债权、有价证券、PPP 项目权益等。

在大部分的建设工程案件中，如果是因为承包人追讨工程款而提起的，则此时工程发包人的经济状况会比较差，甚至有些发包人资金链已经断裂。鉴于大部分工程因资金链断裂停工的现实，一般情况下，工程发包人的银行存款及除土地房产之外的其他财产可能有限。因此，发包人资产调查的重点应该是工程项目土地使用权的状况。调查内容主要为土地使用权的权属主体、登记机关，土地使用权的抵押查封情况，土地使用权的性质、用途、剩余使用年限，土地出让金、市政配套费的缴纳情况等，尤其要查清土地使用权的抵押查封情况。

本阶段调查的另外一个内容，是要初步查清工程发包人的其他债务情况。如果在工程承包人起诉之前，已有其他债权人先行起诉，并且进行了财产保全，那么工程承包人将会比较被动，因为以后案件的强制执行必须以先进行财产保全的案件结案后才能进行。在此情况下，工程承包人将会比较被动。

因此，笔者建议，在能够确定工程发包人在目前现状下确实无法支付款项的情况下，工程承包人应尽早提起诉讼，避免因其他债权人先提起诉讼而处于被动的地位。

此外，还有一个情况需要建筑企业引起重视。由于从前几年开始，我国大力发展PPP项目，即政府与社会资本合作项目，作为社会资本一方，往往会拥有一些PPP项目的合同权益，这些权益可能没有相应的财产登记手续，但是也具有财产的属性，建筑企业可以申请查封、冻结相应的财产权益。对于投有PPP项目的发包人，其财产状况发生问题时，建筑企业可以考虑通过相关的网站查询发包人或总包人是否有类似的投资项目，从而可以考虑查封此类权益，以实现自己的债权。

2. 补充和完善证据材料

在诉讼仲裁案件中，证据是诉讼仲裁成败的关键，在建设工程案件中更是如此。由于我国目前大部分建筑企业项目管理能力尚有所欠缺，工程项目管理班子重质量、重工期、重安全，但是对工程索赔等事项却重视不足，缺乏足够的法律知识，因此法律工作人员接触的许多案件都存在各种书面材料杂乱无章、没有证据目录、许多关键性证据未及时留存或是丢失的问题，这对工程承包人是很不利的。

对于上述问题，律师经过整理分析，发现证据材料不全的，应该向建筑企业和项目管理班子以书面形式提出补充和完善的内容。在此，以本团队曾经代理的一个案件中的工期和费用索赔证据材料为例，简要说明需要补充和完善证据的内容。在该案中，经过本团队分析整理，我们向该建筑企业发函，就费用和工期索赔证据材料问题提出如下建议：1）对于费用和工期索赔证据，贵司没有制作一个完整的目录，我们难以判断本工程已经向甲方发出的工期和费用索赔文件有多少，现有的材料会不会有所遗漏。2）索赔函未附上证据，如"关于道路不通的索赔书"，只有索赔申请表和金额计算清单，没有其他的证据，也没有甲方或监理签认的文字，这种索赔很难得到法院的支持，因此贵司应该就此种索赔进一步收集整理相关证据材料。3）许多工期索赔文件太含糊，没有提出具体应该顺延多长时间，也没有提供详细的计算公式和依据，更没有发文记录，我们认为应该按照贵司与甲方合同的约定，履行相应的索赔程序。4）工期顺延一般伴随着费用的索赔，因为工期长了会造成窝工等费用，但贵司的工期索赔文件一般都未提费用的事，更没有费用的计算方式和依据，这样不利于更好地保护贵司的利益。5）因贵司未能提供发文本等证据，我们无法判断贵司发出索赔的时间，也无法判断甲方或监理是否收到相关索赔文件。6）鉴于本工程的情况，我们认为甲方很可能会在诉讼中提出工期延误的索赔，因此我们应该提前做好准备，并提前收集整理此方面的证据材料。7）如贵司方便的话，我们建议贵司将现在能找到的索赔文件全部重新进行整理、编号和装订，按照以下顺序装订：索赔函件；索赔的工期或费用的计算方法；索赔的证据；其他需说明的问题。

因此，笔者认为，在建设工程案件起诉前，工程承包人及其相应的工程项目部应在律师的指导和协助下，针对工程承包人的权利要求，采取现场证据固定、第三方认证等方式补充收集相应的证据材料，以保证相应的诉讼请求或仲裁请求能得到确认。

3. 依据合同约定的程序索赔和解除合同

从笔者代理的许多建设工程案件来看，工程承包人的诉讼请求或仲裁请求中，或多或少都会涉及索赔方面的内容，但是真正按照合同约定的索赔程序提出索赔的则少之又少，这种情况往往会降低索赔的成功率。因此，笔者认为，在提起诉讼或仲裁之前，承包人应该先履行必要的索赔程序。一般合同中均会约定，发包人未能按合同约定履行自己的各项义务或发生错误以及应由发包人承担责任的其他情况，造成工期延误和（或）承包人不能及时得到合同价款及承包人的其他经济损失，承包人可按合同约定的程序以书面形式向发包人索赔。按照合同约定的索赔程序提出相应的索赔，这样做有两个好处：一是可以更容易地得到法院、仲裁庭和造价鉴定机构的确认；二是有可能利用合同中约定的索赔未答复即视为认可的条款使得索赔得以确认。发包人在收到承包人送交的索赔报告和有关资料后28天内未予答复或未对承包人作进一步要求，视为该项索赔已经认可。如果能够适用本条约定，则承包人可以比较轻松地得到索赔款。

另一方面，应该依据合同约定履行必要的合同解除手续。选择解除合同还是继续履行合同，应该根据具体情况来确定。如果承包人继续履行合同比解除合同可以得到更大的利益，则可以请求继续履行合同。但是，实际情况是，工程进入诉讼或仲裁程序之后，工程承发包双方的信任几乎完全丧失，再继续履行合同几乎不可能。另外，一般工程合同会约定一定比例的质保金，于工程竣工验收后一定期限才会退还。如果选择继续履行合同，则工程承包人无权要求在竣工之前退还质保金，但是如果选择解除合同，则工程承包人可以要求在解除合同时退还质保金。因此，大部分情况下，工程承包人应该在起诉前先通知发包人解除合同，这样合同解除才能生效。

4. 修改和完善诉前结算文件

工程实践中，工程承包人主张自己工程款和合同解除款项的形式是向发包人发出结算书。许多案件中，在提起诉讼或仲裁之前，律师还建议工程承包人向发包人发出结算书。笔者认为这种做法应该区别加以考虑和对待。如果结算文件是完善和完整的，则可以向发包人发出。如果结算文件不完整、不完善，则最好不要发出。否则，在提起诉讼仲裁时，相关的主张与结算书不一，则明显对建筑企业不利。另外，如果合同中有约定发包人收到结算文件后一定时间段不回复即视为认可的，则可以考虑在起诉前向发包人发出结算文件。

在我们代理的一个案件中，工程承包人着急要在起诉前向发包人发出结算书。笔者审查结算书后，发现在索赔款的计算和可得利益的计算上，有所遗漏。在索赔款的计算上，只计算了直接损失（相当于定额直接费），但是没有对其根据定额取费。当前的司法实践与工程造价鉴定中，对于索赔款是否取费存在争议，但也不乏成功取费的案例。因此，笔者认为，应该在结算书中对索赔款进行取费。在可得利益的计算上，由于合同解除的原因在发包方，因此我们可以要求可得利益的赔偿，结算书亦未对工程未施工部分的可得利益进行计算，这也影响了结算书的完整性。所以，结算书一定要考虑完整再发出。虽然，目前司法实践中，对可得利益支持的案例很少，但是，如果组织材料适当，也不能排除其成功的可能性，而且，即便可得利益索赔不成功，也不排除可以取得裁判者为平衡各方利益考虑时而获得的其他利益。

由于结算书是工程承包人对工程价款等各项费用的最终主张，实际上也是将来提起诉讼时工程承包人提出的诉讼请求，因此结算书的内容应充分和全面，不应有所遗漏，更不应该存在错误，否则将会对未来的诉讼产生不利影响。

总之，向工程发包人提出结算书不是必经的程序，不影响工程承包人解除合同和提起诉讼，是否在诉讼前向其发出结算书，笔者认为应该慎重考虑。

5. 整理和完善工程技术和质量验收资料

实践中，追讨工程款的案件，许多是尚未竣工验收的工程。在起诉时或提起仲裁时，由于工程尚未最后竣工验收，没有最终的竣工验收合格证书。

在诉讼过程中，工程发包人极有可能提出工程质量不合格等抗辩。因此，工程承包人应有相应的资料来证明工程是合格的。在没有竣工验收的情况下，工程承包人必须按照建筑工程资料管理相关规定，提供监理签字确认的过程验收资料（如分部分项验收记录、地基和基础验收记录等）、建材的合格证、检测检验报告等，用以证明工程质量是合格的。

因此，笔者认为，在起诉前或提起仲裁前应该先对相应的技术资料进行整理，发现有遗漏的，在起诉或提起仲裁前找工程监理等相关人员补足。

此外，对于涉新型不可抗力事件的案件，涉及施工降效费用的计算、机械停窝工损失、材料涨价损失等问题时，也与工程的施工阶段相关，相关的检测和验收资料往往也能证明不同的施工阶段的开始和完工时间，也可以作为期间认定的一个参考。

三、案件立案阶段的技巧

1. 诉讼一审立案的技巧

根据我国目前的司法体制，建设工程合同中关于争议解决的机制可以有两种选择：诉讼或仲裁。但诉讼或仲裁二者只能居其一，如果合同中未约定仲裁条款，则除非双方另行约定仲裁条款，否则就只能通过向法院提出诉讼解决争议。按照《最高人民法院关于审理建设工程施工合同纠纷案件适用法律问题的解释》，承发包双方可以在合同中约定诉讼管辖法院，而不一定必须在工程所在地法院进行诉讼。但是，随着后来的《民事诉讼法》及其司法解释的出台，目前，建设工程合同纠纷案件实现专属管辖，如果选择法院诉讼的话，只能在工程所在地提起诉讼，即便当事人在施工合同中约定了相关的管辖法院，违反此规定的约定亦无效。

为了更快速地解决争议，我们建议建筑企业在必要时可以在提起诉讼仲裁的时候，尤其是在保全到相关财产的时候，先提请进行调解，可以请受理法院或仲裁机构进行调解，也可以申请由相关的专业机构进行调解。笔者本人就是中国建设工程造价管理协会调解委员会等调解机构的调解员，通过调解，可以快速地解决争议，也可以节省一些费用。而且，专业的调解机构的调解员往往对工程专业知识比较熟悉，也具备一定的法律知识，有些调解员兼具律师和造价工程师等资格条件，只要当事人都能放平心态，不过分主张自己的权利，调解成功的可能性是较大的。此外，对于一些调解机构来说，如果调解不成的，也可以根据当事人的申请出具相应的专家评审意见，这些评审意见虽然没有法律约束力，但是，由于评审意见是此领域的专家出具，对于当事人正确认识纠纷及其诉讼仲裁结果具有一定的参考价值，亦可作为诉讼仲裁的证据使用。

2. 申请仲裁时己方仲裁员的选定技巧

仲裁员的确定应该按照双方当事人选定的仲裁机构的仲裁规则来进行，不同的仲裁机构仲裁规则会有所不同。以北京仲裁委员会为例，仲裁员的确定程序如下：

（1）双方当事人应当自收到仲裁通知之日起15日内分别选定或者委托仲裁委主任指定一名仲裁员。当事人未在上述期限内选定或者委托主任指定仲裁员的，由主任指定。

（2）双方当事人应当自被申请人收到仲裁通知之日起15日内共同选定或者共同委托主任指定首席仲裁员。双方当事人也可以在上述期限内，各自推荐一至三名仲裁员作为首席仲裁员人选；经双方当事人申请或者同意，本会也可以提供五至七名首席仲裁员候选名单，由双方当事人在第（1）款规定的期限内从中选择一至三名仲裁员作为首席仲裁员人选。推荐名单或者选择名单中有一名相同的，为双方当事人共同选定的首席仲裁员；有一名以上相同的，由主任根据案件具体情况在相同人选中确定，确定的仲裁员仍为双方当事人共同选定的首席仲裁员；推荐名单或者选择名单中没有相同的人选，由主任在推荐名单或者选择名单之外指定首席仲裁员。

（3）双方当事人未能依照上述规定共同选定首席仲裁员的，由主任指定。

根据以上的仲裁员选择规则（简易案件或当事人另约定除外），我们可以看出，工程承包人、发包人各可以自己选定一个仲裁员。因此，工程承包人选出合适的仲裁员就很关键。笔者本人亦是中国国际经济贸易仲裁委员会等仲裁机构的仲裁员，笔者认为，对于建筑企业来讲，选择仲裁员可以参考以下事项：

其一，承包人选择的仲裁员需具有建筑工程仲裁的丰富专业经验，选择专业经验不足的仲裁员将可能导致其在仲裁庭中观点不受其他仲裁员的重视。

其二，承包人选择的仲裁员需具有一定的社会影响力和地位，北京仲裁委员会的仲裁员大部分都拥有较高的社会地位和行业影响力，如果承包人选择的仲裁员地位和影响力不足，则在仲裁庭中也难以发挥其影响力。

其三，承包人选择的仲裁员最好能有施工企业的从业经历，这样仲裁员可以更加体会到施工企业开展业务的不易、目前残酷竞争情况下利润之微薄，也可以更加明白施工企业因为发包人拖欠工程款而受到损失。

当然，实践中各位仲裁员的情况千差万别，以上事宜只能作为参考，并不能作为唯一的确定依据。最终还是应根据案件的具体情况及每位仲裁员各自的特点来进行选择。

3. 申请财产保全的技巧

为了确保工程发包人即被告或被申请人不转移财产或采取其他措施影响工程承包人的利益，也为了确保不被其他债权人捷足先登，影响案件的进展，在建设工程案件中工程承包人应该向法院申请财产保全。财产保全的主要标的为工程发包人的账号、不动产，及相关争议工程的土地使用权及在建工程。根据《中华人民共和国民事诉讼法》之规定，财产保全可采取查封、扣押、冻结等方法。

根据《中华人民共和国民事诉讼法》第九十二条的规定及司法实践中形成的惯例，当事人提出财产保全申请的，需提供相应财产担保。由于司法实践中，建设工程案件标的额一般较大，由工程承包人提供财产进行保全担保具有一定的困难，很多工程承包人都不拥有可以担保的财产。为了确保诉讼保全的实现，笔者建议可以找相关的保险公司出具相应的保函或责任保险，这样办理比较简便。从本团队情况看，费率一般情况可以优惠到 1.2‰ 左右，在有些标的额特别大等特殊情况下，还能优惠到 6‰～8‰。而且，保险公司出具保函或责任保险的时间也很快，特殊情况下当天即可出具，甚至是在未付费前提下可以先出具。由于目前情况下绝大多数法院都能接受保险公司出具的保函或责任保险，而很多保险公司也都有此项业务。具体提起诉讼仲裁时，可以多找几家公司比选，选择费率低、速度快的保险公司办理。

第二节 涉新型不可抗力事件案件诉讼仲裁程序处理技巧

一、加快案件办理进度的技巧

1. 利用调解程序争取最大利益

根据《中华人民共和国民事诉讼法》的规定和司法实践，调解几乎是每个案件的必经程序，但调解的作用却被很多律师和当事人所忽视。

笔者认为，很多建设工程案件存在诉中调解的可能性，理由如下：

一方面，工程发包人一般会有调解的意愿。一般情况下，调解时工程承包人利用诉讼保全程序已经查封了工程发包人的土地使用权和在建工程，并且一般情况下工程现场也由工程承包人的员工所占据，如果没有工程承包人的配合，工程发包人无法复工，更无法重新启动项目。在此情况下工程发包人有可能作出一定程度的让步，确认工程承包人提出的大部分款项，以便本项目有机会重新启动。

另一方面，工程承包人也会有调解的动力。由于大部分案件在诉讼阶段时承发包尚未做最后的结算，如果未能调解成功，由于工程款未做最后的结算，通常情况下将由法院或仲裁机构委托相关机构进行工程造价鉴定，这几乎是必不可少的程序，加上工程发包人如果对一审结果不满意将可能提起上诉，这在时间上将会让工程承包人更不利，因此工程承包人在原主张的总金额基础上作出适当的让步，对工程承包人的利益反而有利。

对于本次新冠疫情引起的案件来说，由于各地住房和城乡建设主管部门都出台了相关的疫情防控费用、停工费用、人材机涨价费用等指导文件，很多省高级人民法院出台了相关的司法指导意见，应该来说，诉讼仲裁案件的结果具有一定的可预见性。当事人因此更具有调解的方向性，如果当事人提起诉讼仲裁后，在法官或仲裁员主持下，能够实事求是，依据相关指导文件算账调整，调解成功的可能性比其他类型的工程纠纷案件要更大。

调解如果利用得好，对工程承包人利大于弊。如果工程承包人能利用谈判技巧，并借助工程承包人的主动地位，在调解程序中迫使工程发包人作出最大的让步，使得工程承包人主张金额减少的不利比缩短结案时间带来的好处小得多，得到一个对工程承包人最有利的调解结果，是这种类型案件最佳的结案方式。

2. 如何避免案件久拖不决

如果因为各种原因，案件未能调解成功，将进入实体审理阶段。由于建设工程合同纠纷的复杂性，目前的司法实践，一般审理此类案件的时间都很长。其原因有三：一是由于法院的法官或有些仲裁机构的仲裁员要处理各种各样的案件，所以很多法官在建设工程的专业性上会有所欠缺。很多办案人员对建设工程的造价知识、质量验收等知识比较缺乏，加上建设工程合同纠纷一般来说证据材料很多，关系复杂，法官要理顺其中的关系需要比较长的时间；二是此类案件社会影响比较大，金额也比较大，法官作出判决或仲裁员作出裁决往往比较慎重，这将导致审理时间的延长；三是对于工程纠纷中的专门性问题，法院需要进行司法鉴定，如造价鉴定、质量鉴定、工期鉴定、设计鉴定等，这将进一步延长审理时间。

正因为以上原因，工程承包人聘请具有丰富经验的律师来代理此类案件就很必要。一个有着丰富建设工程案件代理经验的律师，可以采取相应的措施来避免案件的久拖不决。律师可以采取的措施主要有：加强与法官、仲裁员的交流，以一个法律工作者能理解的角度多向法官或仲裁员解释建筑行业的专业性知识，使其理解本案的相关专业内容和争议焦点，缩短法官、仲裁员理解案件的时间；在证据材料上进行精心的编制，全部证据材料进行统一编制、统一页码，证据说明简洁明了，逻辑关系清楚，缩短质证时间；根据具体情况处理好法院审理与专业机构鉴定之间的时间关系和内容区别，避免出现两者之间的衔接不畅和重复处理；加强与鉴定机构的联系和沟通，迅速解决鉴定过程中出现的材料多次提交、现场多次勘验、结果反复核对、报告反复修改、鉴定进展缓慢、鉴定人员承担项目过多应接不暇等问题；强化法官或仲裁员对鉴定机构的催促机制和催促次数；如果承包人因为工程款拖欠问题而引发农民工围堵等社会不稳定因素，应及时向法官或仲裁员反映，引起法院加快审理进度的重视；采取其他措施避免案件无故拖延。

就本次新冠疫情来讲，由于此次疫情对整个社会的广泛影响，对包括建筑企业在内的相关主体的企业经营造成了巨大困难，因此，建筑企业应从疫情的影响角度去与法官、仲裁员或鉴定机构进行沟通和交流，推动案件的审理，加快相关的程序进度。

二、利用工期鉴定程序来主张工期顺延

工期问题是很复杂的，尤其是发生同期延误的情况下，此时，需要借助工期鉴定来处理。

工期鉴定的对象比较广泛，主要包括工期延误的原因、顺延工期天数、停工期间起止、工期延期责任归属等。目前我国的法律法规并未对工期鉴定的内容和资质问题作出统一规定。《建设工程造价鉴定规范》GB/T 51262—2017 第 5.7 条"工期索赔争议的鉴定"部分涉及开工时间及竣工时间、项目

工期的确定、延误工期认定及责任归属、顺延工期争议以及工期索赔等内容；《中华全国律师协会律师办理建设工程法律业务操作指引》第 5.6.3.2 目认为：目前法律、行政法规并未对工期鉴定机构的资质作出相关规定，但由于工期鉴定一般牵涉工期延期后应承担的违约金、损失赔偿的数额，故以委托具有工程造价咨询资质的机构进行鉴定为宜。但该操作指引并不具备强制性效力，委托何种机构进行工期鉴定，不同法院和仲裁机构有不同的做法。司法实践中，工期鉴定以委托造价咨询公司与造价鉴定同时进行工期鉴定的为多。亦有专家建议应由监理公司进行鉴定，因为工程实践中一般是由监理公司进行进度监管，工期签证一般也是由监理公司先作出处理意见。而造价咨询公司在工程实践中一般是不参与工期管理，只涉及工程造价的管理。故监理公司进行工期鉴定更具权威，亦更有经验。对于工期鉴定的鉴定机构，未见国家相关规定，实践中由法院或仲裁机构自行把握。

对于新型不可抗力事件影响下的工期鉴定，其关键仍然是建筑企业应提供其工期受新型不可抗力事件影响的详细证据，并要提供排除其自身责任影响工期的证据。

三、利用工程造价鉴定程序来主张相关费用

1. 造价鉴定的概念

在建设工程纠纷案件中，如果承发包双方未做工程款的最后结算，而且承发包双方对于工程价款存在争议，则很多情况下解决的方式是由法院或仲裁机构委托工程造价鉴定机构进行工程造价鉴定。当然，根据最高人民法院的司法解释，如果承发包双方约定按照固定价结算工程价款，一方当事人请求对建设工程造价进行鉴定的，人民法院一般是不予支持的，但如果合同还约定变更条款，而合同履行过程中又出现变更的话，如果双方当事人有争议，则笔者认为进行工程造价鉴定的可能性会很大。另外，如果承发包双方当事人对部分案件事实有争议的，则仅需对有争议的事实进行鉴定，但争议事实范围不能确定，或者双方当事人请求对全部事实鉴定的除外。

根据《建设工程造价鉴定规范》GB/T 51262—2017，工程造价鉴定是指鉴定机构接受人民法院或者仲裁机构委托，在诉讼或仲裁案件中，鉴定人运用工程造价方面的科学技术和专业知识，对工程造价争议中涉及的专门性问题进行鉴别、判断并提供鉴定意见的活动。

在建设工程类案件中，主要是建设单位与承包单位之间的纠纷案件中涉及工程造价问题，现阶段的建设工程造价鉴定主要包括已竣工的工程造价鉴定、未完工的工程造价鉴定、专项工程造价鉴定以及工程索赔鉴定等，包含的内容较多。根据《工程造价咨询企业管理办法》（建设部令第149号）第3条"本办法所称工程造价咨询企业，是指接受委托，对建设项目投资、工程造价的确定与控制提供专业咨询服务的企业"以及第4条"工程造价咨询企业应当依法取得工程造价咨询企业资质，并在其资质等级许可的范围内从事工程造价咨询活动"的规定，目前在诉讼及仲裁过程中法院或者仲裁机构委托进行的工程造价鉴定活动，受委托的鉴定机构应具备工程造价咨询企业资质（根据2019年11月15日国发〔2019〕25号《国务院关于在自由贸易试验区开展"证照分离"改革全覆盖试点的通知》的规定，在试点区域直接取消工程造价咨询企业甲级、乙级资质认定。故此区域注册登记的工程造价咨询企业可以没有相应资质而开展鉴定活动），在其资质等级范围内承接鉴定工作，并运用法律法规、专业标准规范及计价依据等对鉴定项目中的造价争议问题出具鉴定意见。

2. 如何通过造价鉴定主张因不可抗力产生的费用

因不可抗力产生的费用主要包括不可抗力停工期间的停工费用、不可抗力应对费用、不可抗力影响之后的一段期间内人材机价格上涨的费用等几方面。

对于这些费用，如有直接证据能证明，且方便法官或仲裁员计算的费用，如停工期间的机械窝工损失等，必要时可以不进行造价鉴定。但是，对于其他费用，通常涉及价格与工程量、消耗量的结合等问题，而工程量、消耗量的计算具有较强的专业性，而且计算复杂，如由法官或仲裁员计算则不具有现实可行性，因此，应通过造价鉴定来处理。

3. 如何缩短工程造价鉴定的时间

虽然目前有些地方和法院规定了工程造价鉴定的时限，但是全国没有普遍适用的规定，而且此类规定很多也是开口的，规定了很多可以延长时间的情形，造价鉴定机构如果想要延长时间可以有很多理由。由于现有法律和相关规定对工程造价鉴定所需的时间没有很明确界定，所以实践中鉴定机构拖延时间的现象很普遍。笔者认为，应该从以下几个方面来缩短造价鉴定所需时间。首先，尽早提出申请。由于法院或仲裁机构委托工程造价鉴定机构一般需要通过摇号等方式产生，所以从案件审理一开始就要提出工程造价鉴定的申请，争取法院或仲裁机构早日安排摇号等事宜，避免拖延。其次，提前准备好鉴定材料。办案律师应与承包人进行密切配合，提前将鉴定可能需要的所有材料准备好，如图纸、合同、清单、变更洽商等，一旦确定鉴定机构，立即向其移交。再次，经常与鉴定机构进行联系。经办律师和工程承包人的造价人员应时刻保持与鉴定机构的联系，随时向造价鉴定机构解释可能提出的疑问，提供必要的协助和资料。最后，协调鉴定机构与法院或仲裁机构的关系。由于目前关于工程造价鉴定的程序性规定很不明确，所以经常发生法院或仲裁机构与鉴定机构联系的脱节，这也会影响鉴定的进程。当然，笔者所讲的协调，是在法律规定框架下的协商，不能影响鉴定的公正性。

4. 如何避免因鉴定机构与法院或仲裁机构的职权界限不清而带来的损失

由于目前的法律法规对工程造价鉴定机构可以鉴定的事项的范围规定不是太清晰，对于很多索赔款、工程款利息、违约金等事项，鉴定机构可以介入的范围、介入的程度等都没有明确的规定。笔者所代理的一个建设工程纠纷案件，工程造价鉴定机构在未征得法院同意的情况下，自行决定对工程发包人的反索赔款项计算利息。这里存在几个问题：首先，发包人的反索赔是否成立，是由法院来决定，还是由鉴定机构来决定；其次，反索赔成立的话，是否计算利息，是由法院决定，还是由鉴定机构决定；再次，如果要计算利息的话，利率是由法院决定，还是由鉴定机构决定；最后，发包人的反索赔是要提出反诉，还是不应提出反诉而在造价鉴定时一并考虑。最终，由于笔者坚决反对，鉴定机构在出终稿时将反索赔的内容删除了。但是，这正好也说明了鉴定机构可以鉴定的事项范围不清所带来的混乱。由于经常发生本应由法院决定的事项却由鉴定机构在鉴定时一并予以决定的情况，也经常发生本应鉴定的事项，鉴定机构却交由法院来决定的情况。因此，笔者认为，工程承包人可以利用这一点来争取对自己有利的做法。由于法院工作人员与鉴定机构工作人员的专业知识、职业特点和经历不一样，对于同一件事情看法也会有所不同，工程承包人可以利用这一点，争取将特定事项交由对工程承包人态度更有利的一方来决定。

受新型不可抗力事件影响所产生的各项费用争议也存在是否能成立、是否可调整、是否应依据合同还是可变更合同等问题，这些问题均应由法官或仲裁员决定，而不应由鉴定机构来决定。

5. 如何从法律规定与工程计价规定两方面来为建筑企业主张的价款找依据

如上所述，法院工作人员的专业特点是熟悉法律，但对工程造价等知识往往比较缺乏，而造价鉴定机构工作人员是熟悉工程造价方面的知识，但对于法律知识往往比较缺乏。由于司法实践中，很多工程承包人提出的工程款项请求，既要从法律规定方面来找依据，也要从工程计价规定方面找依据。如果工程造价鉴定机构工作人员对于工程承包人提出的某项款项找不到相应依据的话，则工程造价鉴定机构工作人员即使从直观上认为该款项应该确认给工程承包人，其也无法最终确认，最后只好放弃。因此，工程承包人应该聘请既懂法律，又熟悉工程造价的律师来处理此类案件。这样的律师可以从法律规定、造价文件、工程现实等多方面为鉴定机构确认款项找依据，为工程承包人争取到最大的利益。当然，不管承办案件的法律工作人员是否懂工程和造价，都应该积极与工程承包人的造价工作人员，尤其是具体工程项目部的经办造价人员进行联系和协商，征求他们的意见，这样才能最大限度维护工程承包人的利益。

以本次新冠疫情为例，在本次疫情影响之下，各地法院出台了很多应对的指导意见，造价主管部门也提出了很多指导意见，而与此次疫情相关的情势变更、不可抗力、意外事件、商业风险等概念具有相当强的法律专业性，而疫情防控费用、调价费用又具有相当强的工程造价的属性，必须两方面专业结合的律师，方能更好地为建筑企业争取到最大的利益。

第三节　涉新型不可抗力事件案件诉讼仲裁实体处理技巧

新型不可抗力事件下，诉讼请求的设计、事实与理由的论述、举证等均需根据事件所造成的影响进行确定，以下以本次新冠疫情为例进行说明，其他新型不可抗力事件也可类比进行处理。

一、有针对性地提出诉讼或仲裁请求

建筑企业在此次疫情影响之下，其主要的主张包括工期顺延、停工期间损失、疫情防控费用增加、人材机涨价费用损失、管理费用增加等几项。

对于这些损失，又要区分是按照不可抗力规则及不可抗力条款分担损失问题，或是按照情势变更规则处理的问题。

1. 适用不可抗力规则情况下的诉讼仲裁请求

在适用不可抗力规则情况下，可以考虑提出如下诉讼仲裁请求：

（1）请求发包人支付停工期间的停工损失，包括管理人员工资、机械闲置费用损失、周转材料租赁费损失、现场看管人员工资等；

（2）如现场发生一定的疫情防控措施的话，请求发包人支付疫情防控措施费用。

需要注意的是，由于适用不可抗力规则的情形下，现场属于不能施工的情况，因此也就基本不存在疫情防控费用及人材机增加费用损失等。

2. 适用情势变更规则情况下的诉讼仲裁请求

在适用情势变更规则情况下，可以考虑提出如下诉讼仲裁请求：

（1）请求发包人支付疫情防控费用，包括但不限于增加防控人员的工资、防控设施费用、防控物资费用、隔离人员费用、降效费用等；

（2）请求发包人支付受疫情影响而涨价的人工、材料、机械费用中多支出的费用；

（3）请求发包人支付增加的管理费用的支出；

（4）请求发包人支付受其指示赶工的费用支出；

（5）请求发包人支付受疫情影响而增加的其他支出或损失。

3. 合同解除情况下的诉讼仲裁请求

关于合同解除的问题，根据目前疫情的影响，除了武汉地区有部分项目可能会因为此次疫情满足合同解除条件外，其他地区应该不存在因疫情影响而达到需解除合同的程度，除非有特殊情况。换言之，本书主要讨论的是如何在继续履行合同的情况下或在工程竣工结算的情况下减少违约责任、调增合同价款的问题。

在特殊情况下，如果发生合同解除问题，亦应区分是不能履行适用不可抗力规则，还是履行艰难适用情势变更规则。在适用不可抗力规则的情况下，解除合同通知到达对方时合同已经解除，故可不在诉讼仲裁请求中要求判决或裁决解除合同，但根据具体情况可以要求确认合同已解除。在适用情势变更规则解除合同的情况下，建筑企业只能向法院或仲裁机构请求判决或裁决解除合同，而不能直接依其合同解除通知获得解除合同的法律后果。

当然，合同解除情况下，相应地亦应考虑要求支付已完工程的工程款等请求。

4. 综合考虑的诉讼仲裁请求

根据长期办理工程诉讼仲裁案件各界的经验来看，尤其是从"非典"引发的案件经验来看，工程诉讼仲裁案件的发生具有一定滞后性。其原因在于，工程的经济利益是一个综合平衡的结果，如果在新冠疫情影响之下某一方吃了亏，造成了某种经济上的不利益，虽然其相关损失或费用未及时获得确认，但是其可能希望在后续施工的其他方面能够获得某种弥补，则最后在竣工结算时，双方能达成都可以接受的平衡的结算结果，而不至于通过诉讼仲裁解决。

但如果双方在竣工结算时，就相关的争议未能达成妥协性的综合意见，这些争议可能包括新冠疫情及其后续影响造成的争议，也包括其他原因引发的争议，如拖欠工程款、工程变更、质量缺陷、工期滞后、发包人图纸错误或现场条件受限、合同条款理解分歧、承包人挂靠或转包等。那么，双方可能会在工程结束后的一段时间再引发诉讼仲裁案件，而这些案件中，涉疫情的争议也成为案件的争议焦点之一，甚至成为最主要的争议焦点。

在上述情况下，建筑企业提起诉讼仲裁请求时可以按照工程结算额减去发包人已付款的金额合并提出一项诉讼仲裁请求，工程结算额中本身就包括涉疫情的停工费用、疫情防控费用、人材机涨价费用等。但要注意，由于几种性质不同的费用都包括在结算额中，在主张建设工程价款优先受偿权以及主张利息损失时可能会被对方提出相关的抗辩主张。

此外，就目前的情况下，有些工程项目既涉及适用不可抗力规则及其合同条款处理的争议，如停工期间的停工费用争议，也包括适用情势变更规则下的人材机涨价争议，此时，可以就这些争议主张都通过一个诉讼仲裁案件全部提出。

二、庭审时的技巧

建设工程纠纷案件，在庭审时除了要注意采用一般诉讼案件的技巧外，还要注意建设工程案件的特殊性，针对特定事项，采取特殊的方法来处理。根据笔者的经验，以下几点要特别注意：

其一，质证时抓重点，放小节。建设工程案件一般比较复杂，证据材料非常多，且证据与证据之间相互联系、互为说明，如果割裂开来看每份证据，很难看清事情的全部面貌。工程发包人为了拖延时间，往往会在每一份证据上都与工程承包人进行纠缠，如果工程承包人也选择与其进行逐一辨认和解释，将会使得案件进展缓慢，而且会使得案件审理失去重点，反而不利于承包人的利益。因此，提交证据时应该对证据进行合理的编排，注意进行适当的分类，每类证据应该注意逻辑上的关系，并且质证时抓住重点和要点，对其他问题可以简略，庭后可以代理词等方式进行补充说明。

其二，律师应与熟悉工程情况的公司职员协同出庭。建设工程案件涉及面广，事情发展的环节多，律师不可能在开庭之前预见到所有的情况和问题，很多情况需要工程承包人工程人员当场核实，很多对承包人有利的情节也需要工程承包人员在庭审时当场说明。如果工程承包人不派人出庭的话，就有可能丧失很多有利的机会。由于目前我国民事诉讼法规定，民事诉讼代理人不能超过两个人，因此工程承包人应该选择既熟悉诉争工程情况，又懂得工程造价知识的人出庭，这样才能更好地发挥作用。如果是仲裁的话，很多仲裁机构的仲裁规则已经规定代理人的数量不作限制，工程承包人可以根据案件需要把熟悉工程造价、质量、安全、管理的人安排出庭。当然，律师应该在开庭前与工程承包人员进行良好的沟通，这样才能起到好的作用。

其三，专业术语和通俗解释巧妙结合。建设工程纠纷案件中，通常会涉及很多建筑专业的问题，尤其是关于工程造价方面的事项，各种专业知识和词汇就更多。在庭审时，如果律师或其他代理人用太多的专业术语，庭审法官很难理解，就难于让法官接受自己的观点；代理人如果不用专业术语，表述就可能会不准确，也会减轻可信度，也不利于己方。因此，什么时候运用专业术语，怎么运用专业术语，就是律师和其他代理人应该要注意的问题。笔者认为，专业术语的使用以利于己方利益为出发点，有利的则使用，不利的则不使用。当然，要做到专业术语和通俗解释的融会贯通，律师和其他代理人首先要自己熟悉相关的专业知识，否则就会适得其反。

三、提出优先受偿权的技巧

1. 优先受偿权的一般规定

优先受偿权是为了保护施工方（主要是与其相关的建筑工人的利益）的利益特意设立的一个法律制度，但是最高人民法院的司法解释对优先受偿权的行使提出很多的限制，尤其是在行使的时间与优先受偿权的范围方面作出严格的限定。为此，工程承包人应该在行使的时间范围内提出诉讼或提起仲裁，避免丧失相关权利。

根据《最高人民法院关于审理建设工程施工合同纠纷案件适用法律问题的解释（二）》的相关规定，与发包人订立建设工程施工合同的承包人，根据《合同法》第二百八十六条的规定请求其承建工程的价款就工程折价或者拍卖的价款优先受偿的，人民法院应予支持。换句话，没有与发包人订立合同的实际施工人，如包工头、转承包人等是不具有建设工程优先受偿权的。此外，施工总承包人的分包人，因为并未与发包人产生直接的合同关系，因此，不享有建设工程优先受偿权。

装饰装修工程的承包人，请求装饰装修工程价款就该装饰装修工程折价或者拍卖的价款优先受偿的，人民法院应予支持，但装饰装修工程的发包人不是该建筑物的所有权人的除外。同理，与发包人直接订立合同的幕墙、防水、设备安装等专项承包合同的承包人，亦享有建设工程优先受偿权。

建设工程质量合格，承包人请求其承建工程的价款就工程折价或者拍卖的价款优先受偿的，人民法院应予支持。未竣工的建设工程质量合格，承包人请求其承建工程的价款就其承建工程部分折价或者拍卖的价款优先受偿的，人民法院应予支持。总之，不管是否竣工，只要合格即享有建设工程优先受偿权，如不合格，则不享有。

承包人建设工程价款优先受偿的范围依照国务院有关行政主管部门关于建设工程价款范围的规定确定。也即包括利润、管理费等，都在优先受偿权的保护范围之内。承包人就逾期支付建设工程价款的利息、违约金、损害赔偿金等主张优先受偿的，人民法院不予支持。也即，建设工程价款优先受偿只保护工程价款的范围，利息、违约金、损害赔偿金等不受保护。

此外，我们要注意，承包人行使建设工程价款优先受偿权的期限为六个月，自发包人应当给付建设工程价款之日起算。对于这六个月的时间是指从哪一次给付建设工程价款的时间起算，有些争议，但主流观点是认为，应从给付结算价款的时间起算这六个月时间。

发包人与承包人约定放弃或者限制建设工程价款优先受偿权，损害建筑工人利益，发包人根据该约定主张承包人不享有建设工程价款优先受偿权的，人民法院不予支持。但是，此处所指的损害建筑工人利益，应是指整个建筑企业发不起工资而损害建筑工人利益，不能以某一个项目发生经济困难无法发工资为由来主张其放弃或限制建设工程价款优先受偿权。

2. 涉新型不可抗力案件诉讼仲裁请求的优先受偿权提出技巧

如上所述，承包人建设工程价款优先受偿的范围包括利润、管理费等，不包括逾期支付建设工程价款的利息、违约金、损害赔偿金等。根据这一标准，建筑企业受不可抗力影响停工期间的停工损失，属于损害赔偿类范围，不能获得优先受偿权。不可抗力的应对费用，性质上属于安全文明施工措施费，是工程造价的组成部分，因此，应属于优先受偿的范围。人工材料机械费用涨价的费用支出，性质上属于工程造价的范围，因此亦应优先受偿。赶工费用、管理费用增加，性质上属于措施费，属于工程造价范围，因此亦应优先受偿。

综上所述，对于涉不可抗力案件中的不可抗力应对费用、人材机涨价费用、赶工费用及管理费用增加等请求项，应在提出诉讼仲裁请求时同时主张建设工程价款优先受偿权。

四、涉不可抗力案件举证技巧

涉不可抗力案件的举证有着明显不同于其他案件的特征，即举证的重点不是在疫情是否构成不可抗力事件上，也不是对这一事件的具体情形进行举证和描述，而是此不可抗力事件对建筑企业履行工程承包合同到底造成了哪些影响进行举证。

建筑企业在举证时，要注意以下几个方面：

1. 举证应具有针对性

以涉新冠疫情的案件为例，对于涉疫情案件中的变更工期约定请求、主张疫情防控费用、人材机涨价费用、赶工费用及管理费用增加等请求项，都需要有针对性的证据证明。

以疫情防控费用中的施工降效费用为例，由于施工降效这一客观情况难以用具体的数据和标准来统计和测量，实际操作上，只能以某一客观数据为基础，以一定费率进行计取。按照北京市及其他部分地区地方政府主管部门的规定，降效费用可以人工费和机械费之和的一定费率计取，因此，就该项费用举证时，应举证证明受疫情影响降效这一时间段内，发生了多少人工和机械的用量，方能进一步计算降效费用。

再如变更工期约定请求，或是针对发包人主张延误工期的反请求或反诉，就需要举证证明原来的进度计划是什么，原来与进度计划相匹配的施工组织设计和安排、方案是什么，受此次疫情影响，原来的施工组织设计及方案受到了哪些影响，这些影响是如何影响到进度计划的，这都需要有针对性地进行举证。

2. 注意从政府主管部门发布的文件中搜集证据

不可抗力事件发生后通常会有政府主管部门发布的各类文件。如新冠疫情期间，各级政府主管部门、各行业主管部门在疫情防控期间及疫情结束后的时间段都发布了大量的指导性文件或统计资料，这些指导性文件或统计资料具有重要的证据作用。以人材机价格上涨来说，如何证明某种人材机价格发生大幅上涨，工程造价主管部门发布的价格信息、价格监控数据及价格指数分析等文件或信息具有重要的证据价值。

3. 注意从分供分包方处搜集证据

现在建筑企业基本都是资源整合型企业，建筑企业承包的工程要想顺利实施，都需要相应的劳务分包、专业分包、材料设备供应商的大力支持才可以做到。那么，建筑企业如何证明其施工受到不可抗力影响呢？当然，最重要的是要从其分供分包方受疫情影响无法提供相应的服务或产品来证明。所以，建筑企业受疫情影响不能提供服务和产品就成为建筑企业不能向发包人提供建筑服务、不能进行施工，或是正常施工受到影响了的证据。

4. 注意从工地周边的相关机构中搜集证据

不可抗力对工程产生影响后，绝大多数情况下也会对工地周边的相关机构产生影响。如新冠疫情期间，如果工地周边发生严重疫情，或是工地处于某个小区或村集体范围内，而该小区或村集体被采取了管控措施，那么这些就是建筑企业受疫情影响的直接证据。

此外，工地周边的其他相关机构亦可能存在对建筑企业有利的证据。以混凝土供应来说，一般来说，为了避免运输费用及损耗，混凝土一般是由更靠近工地的混凝土搅拌站来供应，而混凝土供应行业一般都成立了区域协会，这些区域协会对本区域的供应情况非常了解，有时也会有相应的协会通知或信息等文件。如果某一区域受不可抗力影响发生混凝土停止供应、供不应求或是价格大幅上涨的情况，这些工地周边的区域协会就能提供最好的证据。

5. 注意从国际贸易往来中搜集证据

以本次新冠疫情为例，在国内疫情顺利得到控制后，国外的疫情，尤其是北美洲、欧洲、韩国、伊朗等处的疫情又变得严重起来，国际贸易受到严重影响，对于有些工程项目，需要使用国外进口的高档石材、高档进口装修材料、进口设备，而出口国与中国的贸易受疫情影响发生中断等情况时，相应的工程项目的实施必然受到影响。因此，中国与相关国家的贸易往来情况也可以成为相应的施工不能进行或施工艰难的证据。

第四节　如何应对发包人的反诉或反请求

一、如何化解工程发包人可能提出的工期延误违约主张

1. 充分举证证明新型不可抗力事件对工期的影响

对于涉新型不可抗力事件案件，首要的一件事就是确认合同工期因为受不可抗力影响发生了延误，此种延误分两种情况，一种是按照不可抗力免责规则可以免责的工程延误情况，也就是建筑企业不能履行，无法施工的情形；另外一种情况，是不能按照不可抗力免责规则处理，需要按照情势变更规则先进行协商，协商不成要请求法院或仲裁机构予以调整合同工期的情况，也即建筑企业可以进行施工，但是施工受新型不可抗力事件影响进度变慢的情况。

对于按照不可抗力免责规则的这一种情况，又可以分为两种情况：一种情况是当地政府主管部门有规定，要求不能开复工或是建议不开复工的情况；另一种情况是已经过了政府要求不能开复工或是建议不开复工的时间段，甚至是到了政府提倡开复工的阶段，但是因为新型不可抗力事件影响导致的各种客观情况致使无法开复工的情况。对于前一种情况下，当然的，工期可以顺延，发包人不能要求承包人承担相应的违约责任。对于后一种情况，需要承包人提供充分的证据证明，其因为新型不可抗力事件的影响而不能施工，方能顺延工期，否则要承担相应的违约责任。

对于按照情势变更规则处理情况下的工期，因为作为承包人的建筑企业是可以进行施工的，只是受新型不可抗力事件影响对施工进度产生影响，此时要考虑新型不可抗力事件对进度影响的程度，合理地主张工期顺延天数，并应该充分地举证证明其究竟是进度计划中的哪一个工序或步骤受到影响，是如何受到影响的，这些影响对整体工期的延误程度有多少。否则，建筑企业将可能承担工期延误的违约责任。

2. 妥善应对同期延误的处理

本书所谓的工期同期延误，范围较通常情况下为宽，主要包括以下几种情况：一是承包人在新型不可抗力事件发生前已经发生延误，因为新型不可抗力事件的影响进一步发生延误；二是工程在新型不可抗力事件前的延误，既有承包人的原因造成的，也有发包人的原因造成的；三是工程在新型不可抗力事件发生后，新型不可抗力事件的影响拖延了工期，同时，发包人或承包人的不当或违约行为也拖延了工期。

按照原《合同法》的一般原因和工程案件处理的一般规则，只有不属于承包人原因的工期延误，承包人方能申请工期顺延。因此，对于承包人在新型不可抗力事件发生前已经发生延误，因为新型不可抗力事件的影响进一步发生延误的情况，一般来说，按照原《合同法》的规定，承包人延误后发生不可抗力的，不能免除其责任，但是，笔者认为，这个情况要具体分析，如果新型不可抗力事件发生前承包人虽然发生了延误，但是即便按照不延误的原进度计划，工程的施工仍然处于新型不可抗力事件发生影响的阶段，则对于按原进度计划将会受影响阶段的情况要予以考虑，而不能一概不予工期顺延，如若不然，对于那些仅有少量延误或工程工期较长工程的承包人来说，则明显不公平。

对于工程在新型不可抗力事件前的延误，既有承包人的原因造成的，也有发包人的原因造成的情况，处理规则应是首先要进行区分，承包人原因延误了多少，发包人原因延误了多少，或各自在同期延误中所占的责任比例，根据承包人所应负责任的时间段，按照上述第一个问题的处理规则来处理。

对于工程在新型不可抗力事件发生后，新型不可抗力事件的影响拖延了工期，同时，发包人或承包人的不当或违约行为也拖延了工期的情况，需要根据不同原因对工期影响的程度和作用进行分析，以判断各个因素所占的责任比例，对于属于新型不可抗力事件影响和发包人的行为导致的工期延误时间，应予以顺延工期，对于承包人原因导致的延误时间，不应顺延工期。

二、如何化解工程发包人可能提出的质量抗辩

作为工程的发包方，在诉讼或仲裁中提出工程承包方的施工质量存在问题、工期被延误等抗辩是其常用手段，这样做的目的是拖延时间，并使案情变得更复杂，当然，也不排除有些案件事实上确实也存在这个情况。

对于工程发包人提出的质量抗辩，应区分情况处理。第一种情况，对于工程已经竣工验收合格的，承包人直接可以提交竣工验收证书进行反驳。第二种情况，对于未经竣工验收，但是工程发包人擅自使用的。根据最高人民法院的司法解释，建设工程未经竣工验收，发包人擅自使用后，又以使用部分质量不符合约定为由主张权利的，不予支持；但是承包人应当在建设工程的合理使用寿命内对地基基础工程和主体结构质量承担民事责任。因此，工程承包人对于装修工程、水电工程等无须举证证明合格。但是，工程承包人还应提供地基基础工程和主体结构工程的验收文件来证明地基基础工程及主体结构工程质量合格。第三种情况，如果工程未经竣工验收合格，且发包人也未擅自使用，此种情况下如果工程发包人只是提出工程质量存在问题，但不能举出真正有力的证据，则工程承包人只需提供工程施工过程中的过程验收资料（如分部分项验收记录等）、工程材料验收检测报告等，即可反驳工程发包人的质疑。但如果工程发包人确实提出了有力证据来证明工程质量存在问题，则进行工程质量鉴定将是很难避免的程序。因此，工程承包人应该在提起诉讼或仲裁之前，先对自己施工的工程进行检查，发现不合格或有缺陷的部位应先行修复，避免在诉讼或仲裁中处于不利地位。

三、如何应对发包人要求调低合同价款的主张

在新型不可抗力事件发生后，存在一种可能，即受不可抗力影响，施工主要材料价格发生大幅度的下跌。

以本次新冠疫情为例，受疫情等多种因素影响，国际石油价格大幅下跌，从而也可能引发与此相关的产品和服务的价格下跌，比如运输和石化类建材产品。受疫情影响，我国的服务业受到严重影响，大量的服务行业从业人员可能面临重新择业的问题，从而增加建筑企业工人的供给数量。经济受到疫情等影响持续走低，也会降低大家的收入水平，从而降低消费能力，减少需求，促使商家降价销售。

所以，也不排除另一种可能性，在未来某一个时间段，起因于此次新冠疫情的影响，人材机价格发生较大幅度的下跌。那么，此时，不是建筑企业主张要调整合同价款，而是发包人要求调低合同价款。建筑企业如何应对呢？

我们认为，如果发生这一情况，首先应按照合同约定的价格调整方式处

理，如果确实降幅过大，致使发包人将承受较大损失时，发包人亦有权依据情势变更规则要求调整合同价款。但是，同样地，发包人亦应该举证证明其因为疫情影响而产生履行艰难，如果发包人不能充分地举出相应证据的，尤其是不能证明降价是因为疫情这一不可抗力影响所致的话，则不应支持其请求。故建筑企业最主要的抗辩点，是主张降价与此次疫情之间没有因果关系。

第六章

建筑企业在新型不可抗力事件影响下如何开复工

现当代的不可抗力事件发生后，通常会有政府行政部门的行政干预，同时政府会发布各类行政命令。建筑企业在不可抗力发生后进行开复工时，应尽量避免违反政府部门的命令和要求，避免因此承担行政、刑事责任。

进一步的，建筑企业应克服不可抗力造成的其他实质影响。同时，为避免日后发生争议，建筑企业应尽量做好受不可抗力影响不能开复工，或开复工存在困难的证据的收集，为之后可能有的诉讼、仲裁等做好准备。以下以本此新冠疫情为例，介绍建筑企业在新型不可抗力事件发生后，开复工时应注意哪些问题。

第一节　遵守工程所在地主管部门开复工条件、防控措施的规定

新冠疫情持续期间，全国大多省市地方建设行政主管部门均出台了工程开复工、疫情防控的规定，这些防控规定涉及开复工时间、工地管理、防控措施、报批报告备案等多方面的要求。建筑企业在这期间开复工的均需遵守这些规定。建筑企业在疫情防控期间遵守政府规定所产生的工期延误、费用损失等均可向发包人索赔，该类规定也可以作为建筑企业索赔时的依据。

以北京为例，北京的建筑企业在施工现场的开复工必须严格遵守北京市人民政府《关于在新型冠状病毒感染的肺炎疫情防控期间本市企业灵活安排工作的通知》、北京市人力资源和社会保障局发布的《关于进一步做好疫情防控期间本市人力资源和社会保障相关工作的通知》、北京市住房和城乡建设委

所发布的《关于施工现场新型冠状病毒感染的肺炎疫情防控工作的通知》《关于进一步加强疫情防控保障建设工程安全有序复工的通知》《施工现场新型冠状病毒感染的肺炎疫情防控工作管理规定》《建设项目复工管理和施工现场疫情防控工作指引》《关于进一步加强新冠肺炎疫情防控期间施工现场管理的通知》等文件的要求。在 2020 年 2 月 9 日 24 时之前不得开复工，在之后应严格做好疫情防控措施，并在申请取得相应部门同意后开复工。

按照北京市住房和城乡建设委所发布的前述文件，疫情期间北京市在施工程，应具有以下疫情防控措施（以下内容为北京市工地施工防控措施要点总结，建筑企业在具体项目中开复工具体措施仍需仔细核对当地建设行政主管部门发布的开复工政策文件）。

（一）组织管理

各工程项目应建立健全复工管理和疫情防控组织体系，成立疫情防控指挥部，设专职卫生员、联络员，专职联络员负责对接属地社区（村）、属地卫生健康部门。疫情防控由施工总承包方统筹管理。

（二）防疫物资保障

施工单位应做好防疫防控物资的保障和储备，配备足够的消毒用品、体温检测仪器、口罩等物品。拓宽建筑材料供应渠道，做好建筑材料等物资的供应保障，为复工创造必要条件。

（三）人员管理

施工单位在复工前应制定详细的用工计划，对劳务人员实行实名制记录，核查劳务人员返京时间、工程量、用工人数、来源地等信息，并做好劳务人员返京途中的防疫工作，建立劳务人员健康信息档案。在返京人员隔离 14 天且无发热、干咳等症状后方可采取集中式封闭管理。

（四）现场管控

施工现场必须采取封闭式集中管理。每日对办公室、宿舍、门岗、会议室、卫生间、淋浴房等重点区域进行不少于两次的预防性消毒，食堂应保持空气流通，以清洁为主，预防性消毒为辅。延长供餐（饮）时间，采取有效的分流措施，实行错峰就餐，独自就餐，避免扎堆就餐。食饮具一人一用一消毒。对生活垃圾、污染口罩等废弃物进行集中管理、分类存放、定时消毒，每日对垃圾进行及时清运处理。

对出现发热、乏力、干咳等症状的人员，须立即报告属地社区（村委），并协助其到就近的医疗卫生机构发热门诊就诊。

（五）教育培训

建筑企业应利用宣传栏、公告栏、微信群等开展多种形式的疫情防治知识健康宣讲，指导从业人员注意个人卫生，保持勤洗手、多饮水，保持衣物干净整洁，保持宿舍卫生清洁。要求从业人员应正确佩戴防护口罩，为避免产生新的污染源，用过的口罩切勿随意丢弃，须装入专门垃圾桶，正确使用和储存消毒液、消毒设备、酒精等防疫物资，防止意外吞食中毒或引发火灾。

（六）应急预案

建筑企业应建立疫情突发事件应急预案，对施工现场发生的紧急疫情状况进行预防应对，具体内容可按照北京市住房和城乡建设委所发布的《施工现场新型冠状病毒突发疫情应急预案》执行。

第二节　满足其他开复工的实质条件

在新型不可抗力发生后，建筑企业除了应按照政府行政命令要求处理开复工之外，还应进一步关注不可抗力本身对工程以及建筑企业造成的影响，进一步满足开复工的实质条件，并在此基础上整理、搜集不可抗力事件导致建筑企业无法开复工或开复工艰难的证据，以备日后产生争议时使用或进一步向发包人进行索赔。

在不可抗力影响下，建筑企业不能按时开复工的实质困难可能包括：1. 开复工所需的劳务人员、材料设备供应充足；2. 项目主要管理人员可以正常上岗；3. 图纸、甲供材等工程实质条件具备；4. 无其他防疫隔离措施导致的无法开复工情形等。如建筑企业因不可抗力受其他开复工条件的影响，则相应产生的工期延误、费用增加等根据具体情况可向发包人索赔。

从事后向发包人索赔、减少损失的角度来讲，政府禁止开复工的时间段，以及按照政府住房和城乡建设主管部门规定所实施的防控措施等内容有政府文件作为依据，相应的工期延误和成本增加均较为容易证明，但在政府住房和城乡建设主管部门规定之外，不可抗力对建筑企业开复工的影响则千差万别，需要建筑企业在个案中根据工程受影响的不同情况进行举证，因此建筑企业应重点关注在政府行政强制措施之外，开复工所受到的其他实质性影响。

以下以新冠疫情期间，建筑企业需关注的内容为例进行讨论。

（一）劳务分包、劳务人员是否可以及时到位

受疫情影响，全国各地均采取了相应的流动人口隔离措施，对于部分疫情严重地区，甚至采取了封城措施。部分建筑企业可能存在由于劳务分包、劳务人员不能及时到位而难以开复工，或需要更换疫情较重地区的劳务分包的情况，由于劳务分包、劳务人员因新冠疫情不能及时到位造成的工期延误、费用增加等，建筑企业可根据具体情况向发包人主张工期、费用索赔，在符合条件的情况下，也可向劳务分包主张违约责任。

（二）管理人员是否可以按时正常上岗

受疫情影响，部分人员可能会被采取隔离、医学观察等措施，部分人员可能处于医疗期内不能复工。对于具体工程的主要管理人员因疫情处于隔离期、医学观察期或处于医疗期不能复工的，建筑企业可与发包人沟通暂时更换相应的管理人员。如建筑企业没有相应的管理人员可以更换，或无法复工的管理人员人数过多建筑企业无法全部更换，则建筑企业可能在此期间需要停工，对于因此停工造成的工期延误、费用增加，建筑企业可主张不可抗力规则向发包人索赔。

（三）材料、设备是否供应及时

受疫情影响，部分材料、设备可能因劳动力不足等原因无法大规模生产，出现短缺的情形，市场上无法购买到，同时疫情前已经签订的购买、租赁合同也可能出现履行困难的情况。

如因疫情原因，材料、设备供应出现问题，不能及时开复工的，建筑企业可与发包人协商采取更换材料、设备供应商，或更换材料种类、设备型号的方式继续施工，如确因无可更换的材料设备，无法继续施工期间，建筑

企业可主张不可抗力规则申请工期顺延、申请发包人分担相应的停工费用损失。

（四）甲供材、图纸等由发包人负责的施工条件是否具备

受疫情影响，发包人、监理单位、设计单位也可能受到相应的影响而导致无法开复工，如设计单位的设计负责人因被隔离原因无法按时出具施工图、发包人无法及时提供合同约定的由发包人提供的材料等，如在疫情期间出现该类情况，建筑企业可就该类情况造成的停工向发包人进行工期、停工费用索赔。

对于该类情况，发包人通常不能以不可抗力为由在与承包人之间的合同关系中推卸责任。

（五）工程是否因疫情影响需分阶段开复工

受新冠疫情影响，建筑企业在疫情期间开复工可能必须采取分阶段开复工的措施，如建筑企业曾因疫情原因分阶段开复工，则相应产生的工期延误和费用增加可向发包人索赔。工期顺延的时间可以将原施工组织设计或施工进度计划所确定的施工进度与调整后的施工进度计划进行对比得出。

第七章

工期如何索赔

第一节　因新型不可抗力事件影响可申请工期顺延的时间段、事由及申请方式

一、正常春节假期期间不可申请工期顺延

建筑企业在申请工期顺延时，应正确认识到春节假期期间的时间段如受新型不可抗力事件影响，一般不能申请工期顺延。本次新冠疫情的影响跨越春节期间，相应的期间不可申请工期顺延。

此处的春节假期不同于国家所谓的法定春节假期，而是指根据工程所处的地理位置和采取的相应施工方案确定的春节假期。具体的春节假期的结束时间点，应结合去年年底工地春节放假之前的会议纪要明确的开复工决议、合同约定、建筑企业的施工方案、当地的施工惯例等事项确定。

二、因新型不可抗力事件导致无法按时开复工的，建筑企业可主张不可抗力，申请延长工期

如建筑企业因新型不可抗力事件原因导致不能按时开复工，则可根据法律关于不可抗力的规定，通知发包人要求工期延期，或与发包人协商延长工期。

以本次新冠疫情为例，从目前新冠疫情相关的影响来看，以下时间属于新冠疫情致建筑企业无法进行施工的情形。

（一）政府通知不得开复工，或建议不得开复工的时间段

对于政府通知不得开复工的时间段，工期顺延较为容易取得，建筑企业应关注工程所在地政府、建设行政主管部门发布的不得开复工的通知，并以该类通知为证据，向发包人主张工期顺延。

例如北京市住房和城乡建设委员会《关于施工现场新型冠状病毒感染的肺炎疫情防控工作的通知》要求全市房屋建筑和市政基础设施项目不早于2月9日（正月十六）24时复工或新开工，对于该段时间导致的工期延误，建筑企业可直接向发包人主张工期顺延。

（二）按政府规定虽可开复工，但建筑企业因人员、材料供应、进场道路、现场条件等开复工必备条件受新冠疫情影响无法具备的时间段

对于该类时间段，并无直接证据可以证明，建筑企业在主张不可抗力导致无法开复工时，可准备以下证据与发包人进行谈判：（1）工程所在地政府或建设行政主管部门所发布的通知、公告；（2）供应商无法供应相应材料、设备的通知或申请；（3）进场道路被封闭、封锁的照片、通告。

（三）已开复工，但因工地周边发生疫情导致封闭或隔离而停工的时间段

对于该类时间段，建筑企业在主张不可抗力导致无法开复工时，可准备以下证据与发包人进行谈判：当地政府部门专门针对施工现场附近封闭、隔离所发布的通告等。

不同的不可抗力事件所造成的无法开复工情形可能不同，需要具体情况具体分析，就上述三项来看，第一种和第二种情形，通常是不同不可抗力均会存在的。但第三种情形，对于一般的不可抗力事件则可能不会存在。

三、新型不可抗力事件虽未导致建筑企业无法按时开复工，但按时开复工条件艰难的，建筑企业应及时与发包人沟通，协商变更原定开复工计划以及合同关于工期的约定

对于因新型不可抗力事件影响，虽未导致无法开复工，但开复工条件艰难的时间段，通常并不能直接适用不可抗力的免责条款。此时建筑企业应及

时与发包人沟通，协商变更合同关于工期的约定。

如进入诉讼或仲裁程序，建筑企业可主张情势变更规则申请人民法院或仲裁机构对工期进行调整。

以本次新冠疫情为例，根据本次疫情的影响，相应的时间段可包括：（1）劳务工人不能及时全面到位；（2）材料设备供应不足的；（3）人材机价格大幅度上涨；（4）防疫措施增加费用，降低工效；（5）各方交流障碍导致问题和矛盾得不到及时解决；（6）重要管理人员被隔离等。

建筑企业与发包人沟通时，可准备以下材料，用以说服发包人：（1）当地建设行政主管部门或造价处发布的防疫措施文件；（2）防疫措施方案及相应物资的价格信息；（3）劳务分包或其他分包分供商存在困难的申请；（4）当地建设行政主管部门发布的指导意见；（5）权威机构或医疗机构出具的证明等。

建筑企业在与发包人沟通时，应重点向发包人说明此次疫情导致建筑企业开复工困难的原因。

四、对于新型不可抗力事件发生前已经延误的工程，并非完全不能适用不可抗力规则或情势变更规则申请工期顺延

《民法典》第五百九十条（原《合同法》第一百一十七条）规定："……当事人迟延履行后发生不可抗力的，不能免除责任……"由于合同义务人迟延履行合同义务，导致合同的履行遭遇不可抗力影响的，义务人不能因不可抗力事由免责。

但这并不意味着工程在新型不可抗力事件发生之前已经延误，建筑企业就不能主张适用不可抗力规则或情势变更规则申请工期顺延。

如按照原定的工期计划或施工组织设计，工程的部分施工内容就已落入不可抗力发生期间以及不可抗力防控措施持续期间，并且该部分施工内容通常也会受到不可抗力的影响，那么建筑企业仍可主张适用不可抗力或情势变更规则延长工期。

如发包人提出工程在疫情发生之前已经延误，拒绝调整工期，建筑企业可综合依据合同、施工进度计划、施工组织设计的原定工期，以原定的相关施工内容在不可抗力持续期间内为由说服发包人。

五、发包人受新型不可抗力事件影响无法履行相应合同义务导致的停工可以进行工期索赔

对于发包人受新型不可抗力事件影响，无法履行相应义务导致的停工时间段，建筑企业可以向发包人进行工期索赔，此类时间段可能包括：（1）发包人无法提供甲供材料的时间段；（2）发包人不能提供施工图的时间段；（3）监理人不能及时复工，且发包人不能及时更换监理的时间段等。

对于发包人受新型不可抗力事件影响，无法履行相应义务导致的停工时间段，发包人通常不能以其受不可抗力影响违约为由，主张工期不顺延，原因在于无论是按照一般的合同约定还是按照交易习惯，不可抗力造成的工期延误通常由发包人负责，发包人自然没有以不可抗力为由拒绝顺延工期的理由。

六、工期索赔方式

（一）通知的方式

对于工程无法开复工的时间段，建筑企业可仅采用通知发包人的方式申请工期顺延。

需要提醒建筑企业注意的是，如新型不可抗力事件对工程的影响达到了使工程无法开复工的程度，则在该段时间内，工期顺延不必然需要经过发包人同意，但建筑企业必须及时通知发包人，通知的目的、方式和内容参见本指引其他章节所述。

（二）协商签证或签订补充协议的方式

对于工程无法开复工或工程开复工艰难的时间段，建筑企业可采与发包人沟通协商、签订补充协议的形式申请工期顺延。

需要提醒建筑企业注意的是，对于新型不可抗力事件对工程的影响未达到使工程无法开复工，仅是使工程开复工困难的时间段，单纯的通知并不能达到顺延工期的目的，对于这段时间必须以协商或诉讼、仲裁的方式顺延工期。

（三）诉讼或仲裁方式

如关于工期的争议进入诉讼或仲裁程序，建筑企业可根据事件对合同履行的影响主张适用不可抗力或情势变更规则，向人民法院或仲裁机构申请工期顺延。

需提醒建筑企业注意的是，在诉讼或仲裁中可采主动提起诉讼方式主张工期顺延，亦可采在发包人提出反索赔请求时以抗辩的方式主张工期顺延。

第二节　建筑企业有关申请工期延期的注意事项

一、无论新型不可抗力事件对工期的影响如何，均应及时通知发包人

无论新型不可抗力事件对工期的影响是否达到无法开复工或是开复工条件艰难的程度，建筑企业均应将工程开复工受到影响的情况及时通知发包人。

通知的目的在于避免发包人因不了解工程受影响的情况，不能采取相应的措施而受损失。未及时通知可能导致建筑企业承担相应的民事赔偿责任。

通知的内容包括但不限于新型不可抗力事件对工程的影响情况、无法开复工或开复工艰难的原因、申请工期延期的时间段或天数、一定的证明材料等。

通知的方式应尽量符合合同不可抗力条款的约定，合同无约定的情况下，应尽量取得对方合同授权代表的签收记录，在对方拒绝签收的情况下，应以EMS方式将通知邮寄对方法定代表人或合同的授权代表，并留存底单。

通知的次数应根据具体事件的影响时间长短来确定。以本次新冠疫情为例，由于本次疫情对不同工程的影响不同，工期受影响的天数并不确定，建议建筑企业根据疫情影响的变化分阶段发送多次通知，包括：（1）疫情发生后及时发送通知；（2）疫情持续阶段，根据工程当地建设行政主管部门发布的防疫措施的变化时间发送期中通知；（3）疫情持续阶段，根据疫情对工程的影响变化时间发送期中通知；（4）当地疫情防控措施以及突发事件应急响应解除后及时发送最终通知；（5）相应措施解除后，疫情仍对开复工有持续

影响的，应在影响结束后发送最终通知。

二、并非所有工程均可因新型不可抗力事件原因延期，并非所有受新型不可抗力事件影响的时间段均可延期

建筑企业需要注意的是，除政府命令不得开工的时间段以外，并非任何项目均可主张不可抗力或情势变更原因延长工期。根据涉"非典"相关案件的经验，具体个案主张不可抗力或情势变更是否可以成立，需根据当地疫情状况、政府防控措施干预程度、合同履行内容、合同履行期间、疫情影响程度、因果关系等进行具体分析。

主张不可抗力的核心关注点是建筑企业受事件的影响是否达到了无法开复工的程度。

主张情势变更的核心关注点是受事件影响继续按合同约定的工期履行合同是否会对一方显失公平。

并且即便相应主张成立，有关工期责任也可能会由发承包双方进行分担。

三、在有条件的情况下应采取相应的补救或替代方案

建筑企业在有条件的情况下应尽量采取相应的避免工期进一步延误的补救或替代方案，原因如下：首先，并非所有项目均可申请延期，也并非所有受影响的时间段均可申请工期延期。其次，按照法律规定，在不可抗力发生后，当事人有义务采取补救或替代方案避免损失扩大，否则可能需要承担相应扩大的损失。

补救或替代方案可能包括：在进场道路封闭时，寻找或开辟其他道路；在相应材料设备供不应求时，建议发包人使用其他材料、设备；在劳务分包无法履行合同时，与发包人沟通使用其他分包单位等。

四、工期顺延尽量以工期签证、补充协议的方式取得发包人的确认

建筑企业与发包人的争议如在协商阶段，尚未进入诉讼或仲裁程序，有关工期延期的申请应尽量取得发包人的确认，确认的方式可包括工期签证、补充协议等。

五、发包人未认可工期顺延的，应尽量准备、保存受新型不可抗力事件影响的证据，在可能有的诉讼或仲裁程序中，主张不可抗力免责或主张情势变更调整工期

如经通知发包人或与发包人协商要求调整工期而未获得发包人认可，则发包人极有可能按照合同约定扣减工程款，或向建筑企业进行工期索赔。建筑企业应尽可能收集准备、保存建筑企业受不可抗力影响无法开复工或开复工艰难的证据，并在可能有的与发包人的诉讼或仲裁中主张不可抗力或情势变更调整合同关于工期的约定。

第八章

停工费用如何索赔

对于受新型不可抗力事件影响不能按计划开复工的项目，建筑企业可能会因停工产生一定的费用，包括现场看管人员的工资、机械租赁费、材料仓储费等，我们将这些费用统称为停工费用，在适当的情况下，建筑企业可向发包人主张这些费用的分担。

第一节　首先判断停工是否因新型不可抗力事件所导致

受新型不可抗力事件影响导致的停工期间产生的停工费用可以按照不可抗力造成损失的分担规则由发承包双方进行分担。

但如停工虽在新型不可抗力事件持续期间，但停工并非是新型不可抗力事件影响导致的，那么将不能适用不可抗力导致损失的分担规则，应由建筑企业与发包人按照各自过错及风险承担范围进行分担。

如是由于建筑企业工期延误在先，导致按照原本的工期计划已经完工的工程工期落入新型不可抗力事件期间受到影响，建筑企业也不能适用不可抗力造成损失的分担规则。

第二节　对于新型不可抗力事件导致的停工按照
不可抗力造成损失的分担规则向发包人主张停工费用

我国法律并未明确规定不可抗力造成的损失如何分担，通常认为不可抗力作为免责事由，当一方因不可抗力对对方造成损失时，对方不得主张赔偿责任，因不可抗力双方均受有损失时，各自承担己方的损失。但在建设工程合同中，关于材料、设备、工程等事物的风险究竟从什么时候发生转移，不可抗力造成的损失究竟是哪一方的损失，应该由哪一方承担等问题并不容易区分。

简言之，在建设工程施工合同中，停工损失究竟是发包人的损失还是承包人的损失并不明确。

一、建筑企业应首先根据合同约定向发包人主张停工费用

在处理新型不可抗力事件造成的停工费用分担时，建筑企业首先应关注项目合同中不可抗力造成损失由哪方承担的约定，按照合同约定向发包人主张相应费用。

如合同双方所签订的为住房和城乡建设部和原国家工商行政管理总局共同发布的《建设工程施工合同（示范文本）》（2013 版和 2017 版此处约定相同，以下简称"《示范文本》"），则建筑企业可直接按照《示范文本》的约定主张进行分担，《示范文本》第 17.3.2 条约定：

"不可抗力导致的人员伤亡、财产损失、费用增加和（或）工期延误等后果，由合同当事人按以下原则承担：

（1）永久工程、已运至施工现场的材料和工程设备的损坏，以及因工程损坏造成的第三人人员伤亡和财产损失由发包人承担；

（2）承包人施工设备的损坏由承包人承担；

（3）发包人和承包人承担各自人员伤亡和财产的损失；

（4）因不可抗力影响承包人履行合同约定的义务，已经引起或将引起工期延误的，应当顺延工期，由此导致承包人停工的费用损失由发包人和承包人合理分担，停工期间必须支付的工人工资由发包人承担；

（5）因不可抗力引起或将引起工期延误，发包人要求赶工的，由此增加的赶工费用由发包人承担；

（6）承包人在停工期间按照发包人要求照管、清理和修复工程的费用由发包人承担。

不可抗力发生后，合同当事人均应采取措施尽量避免和减少损失的扩大，任何一方当事人没有采取有效措施导致损失扩大的，应对扩大的损失承担责任。

因合同一方迟延履行合同义务，在迟延履行期间遭遇不可抗力的，不免除其违约责任。"

如发承包双方签订的是《示范文本》，且该条未被专用条款修改，则按照《示范文本》的约定停工费用应由发承包双方分担，停工期间必须支付的工人工资以及现场照管、清理、修复费用由发包人承担。建筑企业可以以合同约定向发包人主张相应费用。

二、合同未约定或约定不明，建筑企业应优先与发包人协商

如建筑企业与发包人并未使用《示范文本》，双方所签订的合同也未约定不可抗力导致的停工期间费用的分担，则建筑企业应优先与发包人协商，共同确定相应费用的分担方式。

三、协商时可以《示范文本》、标准规范、当地调价政策、公平原则等作为谈判依据

除《示范文本》之外，《建设工程工程量清单计价规范》GB 50500—2013以及相应的各地政策也对不可抗力造成的停工损失有所规定。

（一）《建设工程工程量清单计价规范》

《建设工程工程量清单计价规范》为国家标准，在一定程度上可参考使用，各地调价政策也多有引用。在部分案件中，人民法院也参考《建设工程工程量清单计价规范》进行裁判。但《建设工程工程量清单计价规范》有关不可抗力造成的风险分担的条文为推荐性条文，并无强制约束力。

《建设工程工程量清单计价规范》第9.10.1规定："因不可抗力事件导致的人员伤亡、财产损失及其费用增加，发承包双方应按下列原则分别承担并调整合同价款和工期：……3. 承包人的施工机械设备损坏及停工损失，应由承包人承担；4. 停工期间承包人应发包人要求留在施工现场的必要的管理人员及保卫人员的费用应由发包人承担……"

应提醒建筑企业注意的是，《建设工程工程量清单计价规范》中的规定与《示范文本》不同，该规范规定承包人的停工损失全部由承包人承担，对承包人较为不利，建筑企业在谈判时应合理选择是否使用。

（二）各地调价政策

当新型不可抗力事件发生后，各地建设行政主管部门可能发布针对不可抗力事件影响的工程调价指导意见，这些政策性的文件也可以作为建筑企业谈判的依据。

如在新冠疫情期间，各地建设行政主管部门纷纷发布了针对受疫情影响工程调价的指导意见，各地调价政策并非法律，不能直接约束双方当事人，详见本指引其他章节所述。各地调价政策不尽相同，有些也对建筑企业较为不利，认为相应的停工费用应由承包人承担。建筑企业如发现该类文件对自己不利可以选择不予使用。

如江苏省住房和城乡建设厅发布的《关于新冠肺炎疫情影响下房屋建筑与市政基础设施工程施工合同履约及工程价款调整的指导意见》（苏建价 [2020] 20号）指出："因新冠肺炎疫情防控造成的损失和费用增加，适用合同不可抗力相关条款规定。合同没有约定或约定不明的可以以《建设工程工程量清单计价规范》GB 50500—2013第9.10条不可抗力的相关规定为依据，并执行以下具体原则：受新冠肺炎疫情防控影响，工程延期复工或停工期间，承包人在施工场地的施工机械设备损坏及机械停滞台班、周转材料和临时设施摊销费用增加等停工损失由承包人承担；留在施工场地的必要管理人员和保卫人员的费用由发包人承担。"

（三）公平原则

建筑企业在与发包人协商时，也可以以公平原则为由，申请发包人承担相应的停工费用。

公平原则是民法上的一项基本原则，要求当事人在民事活动中应以社会正义、公平的观念指导自己的行为、平衡各方的利益，要求以社会正义、公平的观念来处理当事人之间的纠纷。在有合同明确约定的情况下，一般不能直接以公平原则为由主张相应的权利。

但通常不可抗力对建筑企业造成了不可预见、不可避免、不可克服的损失，建筑企业对相应的损失并没有过错。发包人与建筑企业作为建设过程中的商业伙伴，应当公平应对互相之间的关系，共担风险、共渡难关。

在本次新冠疫情期间，各地地方法院在相关意见中均提出在处理涉及疫情的民事纠纷中，合理使用公平原则处理当事人之间的关系，建筑企业在谈判过程中也可以借鉴，以此为由主张相应的停工费用。

如山东省高级人民法院民一庭《涉疫情建设工程施工合同纠纷案件法官会议纪要》指出："因疫情导致的损失，主要包括管理费、人工费、材料费、施工机具使用费等。发包人的管理费等损失，一般由发包人自行承担。承包人的管理费、人员工资、设备折旧或租金、周转材料摊销、现场材料仓储费用等损失，按照双方建设工程施工合同约定处理。合同没有约定的，根据不可抗力的归责原则和公平原则，综合合同履行情况、双方利润分配等因素，予以合理分担。"

四、协商不成，建筑企业可视情况提起诉讼或仲裁主张相应费用

建筑企业如与发包人协商不成，可视情况提起诉讼或仲裁主张相应费用。建筑企业在诉讼或仲裁中，也可提交相应的《示范文本》、标准规范、各地调价政策类文件，主张相应的权利。

人民法院和仲裁机构在处理建筑企业对停工费用分担的请求时，一般情况下也会按照前述的依据对停工费用进行分担，即在合同对不可抗力的影响有明确约定的情况下，按照合同约定处理，在合同对不可抗力的影响无明确约定的情况下，参考《示范文本》《建设工程工程量清单计价规范》，以及各地建设行政主管部门所发布的调价政策，同时兼顾公平原则合理分担。

而对于《示范文本》《建设工程工程量清单计价规范》关于停工费用的分担规定相冲突的问题，即《示范文本》约定停工损失由发承包双方分担，而《建设工程工程量清单计价规范》则规定停工损失由承包人承担的冲突。我们认为，应参考发布在后的文件执行，即2017年版本的《示范文本》，详见本指引其他章节的分析，在此不再赘述。

第三节　停工费用的构成与计算

一、新型不可抗力事件下停工费用的构成

结合住房和城乡建设部、财政部颁发的《建筑安装工程费用项目组成》（建标〔2013〕44号）的规定及本次疫情的情况，受新型不可抗力事件影响，

建筑企业在停工期间可能产生如下费用：人工费（劳务人员工资）、材料设备费（一般仅指需要采取特别保管或仓储措施的材料设备中的保管或仓储费用、周转材料租赁费等）、施工机具费用（主要指其中的租赁费、折旧费等）、企业管理费（主要指其中的管理人员工资及相关费用，特殊情况下还包括财务费等费用）、规费（仅在实际发生时）、税金（建筑企业开具发票时需要交纳）。不同项目处于不同的施工阶段，工程内容亦不相同，涉及的停工费用也会有所区别。

二、新型不可抗力事件下停工费用的计算

根据法律规定和《示范文本》约定，建筑企业在停工期间产生的费用仅指其实际支出的直接损失，不包括间接损失和预期利润损失。因此，建筑企业的停工损失应按其实际支出的费用来计算：劳务人员工资应按其在停工期间实际支出的未进入工程款计算的款项计算；材料设备中的特殊保管和仓储费用，应按停工期间经发包人或监理人签认的费用计算；周转材料的租赁费按实际租赁费用计取；机械租赁费、折旧费等应按停工期间实际支出的租赁费或按规定计提的折旧费计算；企业管理费应仅计算停工期间建筑企业发给本项目专属管理人员的工资，如建筑企业存在垫资等情况的，根据具体情况计算部分财务费用；规费和税金按照实际发生计取；不应该计取利润。

除以上费用外，作为临时设施的活动板房、临时占地等的费用，应按停工期间实际支出计算。

第九章

新型不可抗力事件应对费用如何索赔

按照不可抗力的基本规则，不可抗力发生后，负有责任的一方应当采取合理的措施避免、减少不可抗力造成的危害或损失，因此该方必然产生相应的应对不可抗力的费用。由于不可抗力事件的多样性，不同不可抗力事件所造成的影响是不同的，应对措施在不同事件中并不相同，产生的费用也不同。多数情况下，政府行政机关在面对新型不可抗力事件时，会发布一系列的防控措施，建筑企业按照这些措施进行防控必然会产生相应的费用。

新冠疫情期间，建筑企业所产生的疫情防控费用即是典型的不可抗力应对费用。受新冠疫情影响，建筑企业工程项目开复工前及开复工后，必须采取政府主管部门要求的防控疫情措施，建筑企业也应根据项目的具体情况采取防控疫情的具体措施，包括完善工地封闭措施、完善人员防控措施、日常监测监控等，这些措施均会导致费用的发生，造成工程成本的增加。

关于该笔成本的承担，法律没有明确规定，但由于该类措施具有强制性、法定性等特征，类似于法律发生了变化。而由于"法律变更"造成的风险和损失通常均由发包人承担，建筑企业可以以"法律变更"为由主张发包人承担此笔费用。

同时，按照主流观点以及各省市建设行政主管部门所发布的各类通知文件，该笔费用类似措施项目费，应当由发包人承担，并计入工程价款调整的范围。

建筑企业在主张该笔费用时应关注以下内容。

第一节　新型不可抗力事件应对措施的内容

建筑企业在工地开复工时应当按照各地建设行政主管部门发布的通知妥善建立疫情防控措施体系，疫情防控措施的内容包括组织管理、物资保障、人员管理、现场管控、教育培训等多方面，详见本指引其他章节所述。

第二节　新型不可抗力事件应对费用的构成

按照前述建筑企业应在工地现场实施的各项防控措施内容，防控费用可以分为以下几类。

（一）物资费用

比如建筑企业在新冠疫情期间为实施疫情防控措施所购买的消毒液、口罩、体温计、手套、体温检测器、电动喷雾器等各类消耗性物资的费用，以及建立隔离围挡、隔离板房等防控设施的材料费用。

（二）防护人员劳务费用

比如建筑企业在新冠疫情期间设置专项卫生员、检查员、通讯员的费用，以及建立隔离围挡、隔离板房、卫生标准增高导致的垃圾清运等防控措施的人员劳务费用。

（三）平摊至企业管理费的管理人员工资

建筑企业开展防控组织管理、人员管理、现场管控、教育培训等措施一般需由企业管理人员进行统一管理，该部分管理人员的工作费用可平摊至管理人员的工资中。

（四）受不可抗力影响不能工作的工人工资

为保障工人安全，部分工人无法正常工作，但建筑企业仍需向这些工人发放工资，因此会产生相应费用，相应的费用也应纳入不可抗力的应对费用。

如在新冠疫情期间，建筑企业按照规定必须对外地劳务人员进行隔离观察后，方可进行集中封闭式管理，隔离观察期间的工人工资也应归入疫情防控费用。

多地住房和城乡建设主管部门发文均将按规定进行隔离观察的工人工资纳入疫情措施防控费用当中，如江西省住房和城乡建设厅《关于新冠肺炎疫情引起的房屋建筑与市政基础设施工程施工合同履约及工程价款问题调整的若干指导意见》（赣建价〔2020〕2 号）指出："工程复工前疫情防控准备及复工后施工现场防控的费用（含施工需要增加的口罩、酒精、消毒水、手套、体温检测器、电动喷雾器等疫情防护物资、防护人工支出、落实现场各项防护措施所产生费用）支出，包括按规定支付的隔离观察期间的人工工资，由承包人向发包人提供疫情防控方案，经发包人签证认价后，作为工程总价措施项目费由发包人承担并列入工程造价，承包人应及时足额支付疫情防护费用。"

（五）施工降效费

施工降效费，是指应对不可抗力影响，施工效率降低而产生的成本或损失。比如新冠疫情期间由于人员佩戴防护用具，配合检查、配合消毒等卫生防疫工作，以及由于疫情期间紧张和恐慌情绪等因素引起人工和机械施工降效而产生的费用。由于这种费用无法很精确地计算，每个项目也会有不同的情况，跟不可抗力的严重程度、人员的心理素质、现场的防控措施等都密切相关。但是，这种费用多多少少都是会产生的。

对此种费用，首先应由发承包双方进行协商，如协商不成的，参考当地住房和城乡建设主管部门或行业主管部门的指导文件处理，一般应以人工费和机械费之和作为取费基数，取费费率综合考虑各种因素确定。

第三节　新型不可抗力事件应对费用的性质

根据住房和城乡建设部和财政部发布的《建筑安装工程费用项目构成》（建标 44 号）的规定，建设工程造价按照造价形成可分为分部分项工程费、措施项目费、其他项目费、规费、税金。分部分项工程费是指施工过程中耗费的构成工程实体性项目的各项费用，措施项目费是指为完成建设工程施工，发生于该工程施工前和施工过程中的技术、生活、安全、环境保护等方面的费用。

建设工程不可抗力应对措施并非构成工程实体的项目，其性质更接近于工程安全、环保措施，并且是具有法定性、强制性的措施，而相应的不可抗力应对费用则更接近于措施项目费。

如在新冠疫情防控期间，江苏省住房和城乡建设厅《关于新冠肺炎疫情影响下房屋建筑与市政基础设施工程施工合同履约及工程价款调整的指导意见》（苏建价〔2020〕20号）明确指出，应将疫情防控措施费作为一种措施项目费计入工程造价："工程复工前疫情防控准备及复工后施工现场防控的费用支出，包括按规定支付的隔离观察期间的人工工资，由承包人向发包人提供疫情防控方案，经发包人签证认价后，作为总价措施项目费由发包人承担。"

江西省住房和城乡建设厅《关于新冠肺炎疫情引起的房屋建筑与市政基础设施工程施工合同履约及工程价款问题调整的若干指导意见》（赣建价〔2020〕2号）规定："工程复工前疫情防控准备及复工后施工现场防控的费用（含施工需要增加的口罩、酒精、消毒水、手套、体温检测器、电动喷雾器等疫情防护物资、防护人工支出、落实现场各项防护措施所产生费用）支出，包括按规定支付的隔离观察期间的人工工资，由承包人向发包人提供疫情防控方案，经发包人签证认价后，作为工程总价措施项目费由发包人承担并列入工程造价，承包人应及时足额支付疫情防护费用。"

浙江、云南、湖南、陕西、四川、贵州、陕西、湖北等省份虽然未明确该费用为措施项目费，但均发文明确该类费用应由发包人承担，无锡、郑州等市也发文明确，详见本指引附件。

第四节　新型不可抗力事件应对费用的主张、计算与支付

一、建筑企业应尽量与发包人就应对方案达成一致，并就防控费用进行签证确认

1. 尽量在防控措施实施前取得发包人签认

根据《建设工程工程量清单计价规范》GB 50500—2013第9.2.3条的规定，工程变更导致措施项目需要改变时，承包人应将拟实施的措施项目提交发包人确认，并详细说明与原措施方案的变化情况，如承包人未事先将措施项目方案报发包人进行确认，则视为工程变更不引起措施项目费的变化，或承包

人放弃主张措施项目费变化的权利。通常在建设工程施工合同有关工程造价的约定中也有类似条件。

前文提到，不可抗力应对费用是一种类似于措施项目费性质的费用，应按照措施项目费的主张方式进行主张。因此，建筑企业应首先尽量与发包人就应对方案达成一致，由建筑企业按照当地政府要求制定应对方案，并报发包人确认后实施。同时，建筑企业应就应对费用申请签证，并由发包人确认。

如新冠疫情期间的疫情防控措施费用，部分省份建设行政主管部门出台了相应指导意见，如江苏省住房和城乡建设厅《关于新冠肺炎疫情影响下房屋建筑与市政基础设施工程施工合同履约及工程价款调整的指导意见》："工程复工前疫情防控准备及复工后施工现场疫情防控的费用支出，包括按规定支付的隔离观察期间的工人工资，由承包人向发包人提供疫情防控方案，经发包人签证认价后，作为总价措施项目费由发包人承担。"四川、贵州、江西等地也有相同规定。建筑企业在与发包人协商确定疫情防控方案及相应费用时可参照该类规定，必要时可以此类规定的要求向发包人主张权利。

2. 对于未事先取得发包人签认的项目，应采取相应的事后补救措施

而对于新型不可抗力持续期间开复工但不可抗力应对措施未经发包人签认的项目，建筑企业应及时采取相应的补救措施，如将实际实施的应对方案提交发包人签认、做好相应措施及费用的同期签证或同期通知工作，以防在后续发生争议时，因未及时告知发包人而处于不利地位。

二、建设工程不可抗力应对费用的计算

建设工程不可抗力应对费用的主张为建筑企业与发包人之间的民事权利义务关系，属于可协商的范畴。

建筑企业在与发包人进行协商，确认不可抗力应对费用数额时，可以按照以下几种计算方式进行计算。

（一）按照工程当地建设行政主管部门公布的指导意见计算

如在新冠疫情期间，部分省份建设行政主管部门对疫情防控费用规定的相应的计算方式，建筑企业在申请签证时，可根据相应规定计算费用。

如浙江省住房和城乡建设厅发布的《关于全力做好疫情防控支持企业发展的通知》（浙建办［2020］10号）指出："疫情防控期间继续施工的项目，

可在工程造价中单列疫情防控专项经费，按照每人每天 40 元的标准计取。"

再如山西省住房和城乡建设厅《关于新型冠状病毒肺炎疫情防控期间建设工程计价有关工作的通知》则规定："低风险区每人每天 30 元，中风险区每人每天 35 元，较高风险区每人每天 40 元，高风险每人每天 50 元。该费用只计取税金。"

按照该种方式计算疫情防控费用时，应根据工程当地政府所发布的疫情防控期间的指导意见确定费用的计算周期，同时应明确记录工地现场需进行疫情防控的人员数量，在此基础上计算相应费用。工地现场人员数量可采同期签证、同期通知的方式告知发包人，以留存相应证据。

（二）按照实际成本加一定酬金进行计算

建筑企业亦可按照实际发生的不可抗力应对费用成本附加一定酬金的方式计算相应费用。

采该种计算方式时，应注意实际采取的防控措施如防控物资的消耗量、隔离板房的面积、专项防控人员数量等应符合当地政府规定，并应按照发包人确认的应对方案进行处理，同时应做好费用的记录，保存各类购买凭证。

由于该类物资在不可抗力发生期间价格波动较大，采该种计算方式时，应关注当地物价波动情况，尽量以实际价格为准计算相应费用，并留存购买合同、发票、收据等凭证。

（三）按照工程造价（签约合同价）的一定比例计算

如工程所在地建设行政主管部门没有发布对应的不可抗力应对费用计算方式的指导意见，同时工程规模较大，劳务人员数量较多，成本较难计算的，建筑企业在取得发包人同意后，可按照工程造价（签约合同价）的一定比例计算相应费用。

三、建筑企业应对实际发生成本进行记录，并留存合同、发票、收据、付款凭证等证据

无论应对方案是否会得到发包人认可，相应费用是否可以取得签证，建筑企业均应对实际发生成本进行记录，并留存合同、发票、收据、付款凭证等证据备查。

一方面，如建筑企业未能取得费用签证，则需要通过结算或诉讼仲裁方式主张该笔费用，留存相应证据可以提高相应费用获得支持的可能。

另一方面，即便建筑企业取得了该笔费用的签证，由于该笔费用必须专款专用，如建筑企业不能证明该笔费用实际发生，措施项目实际实施，则争议发生后，发包人有可能不会实际支付该费用，或在发包人支付后建筑企业需要返还。

四、建设工程不可抗力应对费用的支付时间

不可抗力应对费用作为措施项目费，由于具有强制性和持续性，其性质类似于安全文明施工费。《建设工程工程量清单计价规范》第10.2.2条规定，发包人应在工程开工后28天内预付不低于当年施工进度计划的安全文明施工费总额的60%，其余部分按照提前安排的原则进行分解，并与进度款一同支付。

建筑企业与发包人进行协商确认该笔费用的支付时间时，可考虑参照上述安全文明施工费的支付方式，如约定在应对方案确认后7日内支付总费用的60%，其余按照不可抗力持续时间进行分解，并与进度款一同支付。

第十章

人材机涨价费用如何索赔

不可抗力事件发生后，通常供应商也会受到相应影响，在很多不可抗力事件发生后，人材机涨价可能会是一个大概率事件，人材机价格因不可抗力上涨导致的工程成本增加如何调整工程价款是一个复杂的问题，直接关系到建筑企业的利益。当然，从本次新冠疫情的情况来看，目前我国国内并没有发生人材机价格大幅上涨的情况，但由于疫情仍在继续，尤其是国外的疫情目前还看不到结束的迹象，人材机价格是否能一直保持稳定具有一定的不确定性。

建筑企业在主张人材机涨价费用时，应关注以下内容。

第一节　建筑企业对人材机价格上涨的合同价格调整的常见误区

笔者与建筑企业沟通的过程中发现，建筑企业普遍对人材机价格上涨的合同价格调整存在一些误区，因此有必要对这些误区加以分析，以避免这些误区对建筑企业的决策产生不利影响。

一、误认为可以主张不可抗力规则调整合同价款

不可抗力作为免责事由，在不可抗力导致合同不能履行或不能按合同约定履行时，建筑企业可以主张不可抗力免责或解除合同，但建筑企业并无主张不可抗力直接变更合同约定、调整合同价款的权利。

实践中很多建筑企业对此存在误区，例如新冠疫情期间，存在建筑企业

采向发包人发送不可抗力通知、索赔通知等方式，以疫情造成的人材机价格上涨构成不可抗力为由，要求调整合同价款的做法，这种做法并不可取，除非发包人同意进行调整，否则并不能取得变更合同约定，调整合同价款的目的。

二、误认为可以以建设行政主管部门发布的指导文件突破合同约定，调整合同价款

例如新冠疫情持续期间，各地建设行政主管部门纷纷发布了疫情期间工程造价调整的指导意见，如浙江省住房和城乡建设厅发布的《关于全力做好疫情防控支持企业发展的通知》（浙建办［2020］10号）指出："因疫情防控导致人工、材料价格重大变化，相应调整方式在合同中没有约定的，建设单位和施工企业、工程总承包企业可根据实际情况适用情势变更，依据《浙江省建设工程计价依据（2018版）》中'5%以内的人工和单项材料价格风险由承包方承担，超出部分由发包方承担'的原则合理分担风险。"

但该类指导意见并不能直接变更建筑企业与发包人之间的合同约定，有关该类文件的性质及效力，详见本指引其他章节的分析。

实践中，有部分建筑企业误认为该类指导意见可直接变更合同约定，因此采取了错误的方式向发包人主张合同价款的调整，或认为在购买了相应的材料、设备后，涨价费用一定会由发包人承担，这些做法并不可取。

三、人材机涨价不仅限于新型不可抗力事件持续期间，亦包含新型不可抗力事件结束后因不可抗力原因造成的涨价

人材机价格的上涨是一个复杂的事件，并非所有新型不可抗力事件期间人材机价格的上涨均是因不可抗力事件导致的，也并非不可抗力事件结束后的涨价就与不可抗力没有关系。

建筑企业在处理人材机涨价时，应区分新型不可抗力事件原因导致的涨价，和正常的商业风险导致的涨价，如是因新型不可抗力事件原因造成的涨价，即便是在新型不可抗力事件结束后的涨价，也可以以合同约定、情势变更等规则向发包人主张。

第二节　建筑企业应优先按合同的约定向发包人主张人材机价格上涨的调价费用

在此应提醒建筑企业注意的是，合同为当事人之间的法律，当事人之间的权利义务关系原则上应按照合同约定处理，例外情形下方可突破合同约定。

在合同明确约定人材机价格上涨时的调价方式的情况下，建筑企业应当按照合同约定处理，向发包人主张人材机价格上涨的调价费用。

第三节　合同约定固定价格，人材机上涨不调价时，建筑企业应优先与发包人协商变更合同约定

如合同明确约定固定总价或固定单价，人材机价格上涨不调价，但因新型不可抗力事件影响，人材机价格在新型不可抗力事件期间或新型不可抗力事件防控措施解除后大幅度上涨，超出建筑企业预期以及可承担的风险范围的，建筑企业应优先与发包人协商变更合同约定，共同签订补充协议。

一、变更合同关于价款的约定，由发承包双方分担涨价费用

建筑企业可与发包人协商变更合同关于价款的约定，由双方共同分担人材机价格上涨的费用。在协商时，建筑企业可引用情势变更规则、公平原则以及当地住房和城乡建设主管部门所发布的调价指导文件。

二、变更合同关于材料、设备品牌的约定，尝试使用替代方案

如工程所使用的特定材料、设备数量巨大，并且因不可抗力影响价格在短时间内涨幅较高，则建筑企业可与发包人协商就该种材料、设备进行更换，在保证工程质量的情况下，合理选择替代材料、设备。

三、变更合同关于工期或工序安排的约定，尽量避免价格上涨对工程造价的影响

参考以往的不可抗力事件对国内经济的影响可能会在不可抗力发生之后持续一段时间，但持续时间不会太长。在这段时间内，人材机价格受影响最

为严重，波动也最大。

因此建筑企业可与发包人进行协商，变更合同有关工期的约定，或变更施工顺序安排，在疫情对经济影响平稳、人材机价格回落之后，再有序进行施工工作，尽量避免疫情导致的价格上涨对工程造价的影响。

四、协商时，可以以各地住房和城乡建设主管部门发布的指导意见为依据

例如新冠疫情期间，各地建设行政主管部门均针对人材机上涨发布了相应通知，该类通知并非法律，在合同未明确约定适用时，一般不能直接适用，但可作为谈判时的依据，以及诉讼、仲裁中适用情势变更原则的依据。

如浙江省住房和城乡建设厅发布的《关于全力做好疫情防控支持企业发展的通知》（浙建办〔2020〕10号）第一节中已表述。

山东省住房和城乡建设厅所发布的《关于新型冠状病毒肺炎疫情防控期间建设工程计价有关事项的通知》（鲁建标字〔2020〕1号）指出："疫情防控期间人工、材料价格发生变化，按照《山东省住房和城乡建设厅关于加强工程建设人工材料价格风险控制的意见》（鲁建标字〔2019〕21号）有关规定调整工程造价。合同约定不调整的，疫情防控期间内适用情势变更原则，按照上述文件合理分担风险。"

建筑企业在与发包人协商时可以引用工程所在地建设行政主管部门所发布的通知或指导意见，并向发包人详细解释人材机价格涨幅及对建筑企业的巨大影响，与发包人共同渡难关。

第四节　在与发包人无法协商处理时，提起诉讼或仲裁请求调整合同约定

如建筑企业无法与发包人就人材机上涨的价格调整达成一致，建筑企业可综合考量利弊之后，提起诉讼或仲裁，主张适用情势变更规则或公平原则调整合同约定。

在合同约定固定价格，并且没有约定调价方式或合同约定不调价的情况下，如人材机价格严重上涨，涨幅超出合同签订时发承包双方可以预见的商业风险，继续按合同履行可能对建筑企业显失公平时，建筑企业可主张情势

变更原则申请人民法院或仲裁机构变更合同中有关工程价款的约定，并调整工程价款。

但建筑企业应当认识到，情势变更规则或公平原则在合同价款调整中适用比较困难，并且即便人民法院或仲裁委员会同意对合同约定进行调整，也不会将所有人材机价格涨价的费用均判由发包人承担。

建筑企业在诉讼或仲裁中主张适用情势变更规则或公平原则时，可以提交当地建设行政主管部门或造价处发布的调价指导文件，作为申请调价的证据和理由。

第十一章

建筑企业如何主张合同解除

合同解除分为单方解除和协商解除。建筑企业受新型不可抗力事件影响严重，在符合合同约定或法律的情况下可取得单方解除权。

如新型不可抗力事件对建筑企业的影响并未达到使建筑企业取得单方合同解除权的程度，但建筑企业因疫情原因合同履行艰难并且按照合同继续履行对建筑企业显失公平的，建筑企业可与发包人协商解除合同，协商不成的，可提起诉讼或仲裁，主张情势变更规则申请人民法院或仲裁机构解除合同。

第一节　受新型不可抗力事件影响建筑企业可单方解除合同的理由

单方合同解除权分为约定解除权和法定解除权，新型不可抗力事件影响下的合同解除也不例外，不可抗力规则在一定情形下可成为法定解除权的事由。

提醒读者注意的是，就新冠疫情而言，疫情影响下建筑企业是否可以行使单方解除权以单方解除合同，需要个案中根据双方合同约定、当地政府所采取的强制措施、建筑企业受疫情影响程度、因果关系等各方面原因综合考虑。就国内疫情来说，通常情况下，建筑企业没有因疫情原因取得单方解除权。

一、新型不可抗力事件影响达到合同约定条件的约定解除权

《民法典》第五百六十二条第二款（原《合同法》第九十三条第二款）规定："当事人可以约定一方解除合同的事由。解除合同的事由发生时，解除权人可以解除合同。"如合同明确约定了不可抗力发生时可以解除合同的条件，则当不可抗力事件影响达到合同约定的条件时，建筑企业可以通知发包人解除合同。

以《示范文本》为例，《示范文本》约定，因不可抗力导致合同无法履行连续超过 84 天或累计超过 140 天的，发包人和承包人均有权解除合同。如发承包使用的是《示范文本》或双方签订的合同采用的是《示范文本》的约定，则当不可抗力影响导致合同无法履行，无法继续施工连续超过 84 天或累计超过 140 天的，建筑企业可通知发包人解除合同。

而就新冠疫情来讲，根据全国各地省级政府部门，以及建设行政主管部门发布的建筑工地复工复产的通知来看，大部分省份均规定建筑工地在 2 月 9 日之前不得复工，而对 2 月 9 日之后的规定较为灵活，即便从 1 月 22 日全国各省市开始启动突发事件应急响应开始起算，截至 2 月 9 日也才不到 20 天的时间，远远未达到《示范文本》所约定的连续 84 天或累计 140 天。因此，一般情况下建筑企业均未达到可以依据该条款单方解除合同的条件。综合考虑新冠疫情在全国各地的持续情况以及施工合同的一般不可抗力条款，一般项目通常未达到合同约定的解除合同的条件，建筑企业无权以不可抗力的影响符合合同约定为由解除合同。

但个案中，不同建筑企业受疫情的影响不同，具体合同条款的约定也不尽相同。如疫情对建筑企业影响严重，在政府允许开复工的时间段，建筑企业由于疫情造成的其他影响仍无法开复工，且影响持续的时间达到了合同条款约定的时间，则建筑企业可根据合同约定单方通知发包人解除合同。

二、新型不可抗力事件影响达到法定解除条件的法定解除

《民法典》第五百六十三条（原《合同法》第九十四条）规定："有下列情形之一的，当事人可以解除合同：（一）因不可抗力致使不能实现合同目的……"，如建筑企业受新型不可抗力事件影响导致合同目的不能实现，则建筑企业有权单方解除合同。

适用不可抗力规则解除合同的关键是如何认定不可抗力导致不能实现合同目的，司法实践中对该条的适用较为严苛，仅在受不可抗力影响极为严重的情形下方可适用。对于建筑企业来说，其合同目的在于通过其施工行为获得相应的工程款，获得预期的利润。如果因为不可抗力的影响，建筑企业无法进行施工，且其无法施工的状态持续较长，导致当初订立合同所依据的相关条件发生重大变化。如其资质发生变化、管理人员发生重大变化、财务状况发生重大变化、设备持有情况发生重大变化、相应的关键材料设备供应情况发生重大变化，致使其无法再进行施工的，建筑企业应有权要求解除合同。

第二节　受新型不可抗力事件影响建筑企业履行合同艰难的可主张情势变更规则申请人民法院或仲裁机构裁判解除合同

受新型不可抗力事件影响虽未导致合同目的的不能实现，但导致合同继续履行对建筑企业履行艰难、显失公平的，建筑企业可向人民法院或仲裁机构提起诉讼或仲裁，主张情势变更规则解除合同。

为维护交易稳定性，人民法院或仲裁机构通常不会支持情势变更规则解除合同的申请，在有替代性方案解决时，优先会选择替代性方案，如变更合同有关价格或工期的条款以继续履行合同。

主张情势变更要求解除合同的情形较难达成，比较苛刻的情况如合同所约定的工程需要大量使用某种特定材料或设备，该种材料或设备因疫情影响，价格大幅度上涨，涨幅超出了发承包双方可以承受的合理范围，继续履行合同将对建筑企业显失公平，且不能通过合理化分担风险继续履行合同，即不能通过变更合同约定的价格条款或工期条款的形式继续履行合同。

应提醒建筑企业注意的是，以情势变更规则申请人民法院或仲裁机构解除合同并非单方合同解除权，建筑企业必须以提起诉讼或仲裁的方式进行，建筑企业并无单方通知对方即可达到解除合同的结果的权利。在新型不可抗力事件导致建筑企业履行合同艰难，但未达到无法履行合同的程度的情况下，建筑企业如未与发包人协商达成解除合同的一致意见，也未提起诉讼或仲裁，而单方通知对方解除合同，则可能承担相应的违约责任。

第三节　合同解除的方式及后续处理

一、解除合同的方式

（一）协商解除

协商解除是合同双方协商一致共同解除合同的程序，仅需要合同双方意思表示一致，而不需要合同一方取得单方解除权。但如合同一方已经取得单方解除权，亦可采协商解除的方式。

建筑企业无论是因新型不可抗力事件无法继续履行合同（取得单方解除权），还是因本次新型不可抗力事件履行合同艰难（未取得单方解除权），均可采与发包人协商的方式，在取得发包人同意后共同解除合同。

协商解除合同通常可采签订补充协议的形式进行。

（二）通知解除

通知解除是在合同一方取得单方解除权的情形下，仅通过通知方式即可解除合同的程序。

《民法典》第五百六十五条（原《合同法》第九十六条）规定："当事人一方依法主张解除合同的，应当通知对方。合同自通知到达对方时解除……"，即在建筑企业根据合同约定或者法律规定取得单方解除权的情况下，通过通知发包人的方式即可解除合同，合同自通知到达发包人时解除。

建筑企业如因新型不可抗力事件影响达到了合同约定的解除条件（约定解除权），或因新型不可抗力事件影响无法继续履行合同的（法定解除权），即可获得单方解除权，建筑企业可采通知发包人的方式与发包人解除合同。

但如建筑企业未取得单方解除权，则不能以通知解除的方式解除合同，仅能通过协商解除，或通过诉讼、仲裁程序主张情势变更规则解除。

通知应尽量按照合同约定的方式进行，合同无约定的，应尽量取得发包人法定代表人、发包人授权代表的签收记录，或以向发包人法定代表人、发包人代表寄送书面解除函的形式通知发包人，书面解除函应尽量使用 EMS 寄送，并保存底单。

（三）诉讼或仲裁解除

建筑企业在与发包人就合同是否解除存在争议时，可提起诉讼或仲裁，请求人民法院或仲裁委员会确认合同解除（提起确认之诉）。

建筑企业亦可提起诉讼或仲裁程序，申请人民法院或仲裁委员会适用情势变更规则解除合同（提起变更之诉）。

二、合同解除后的处理

《民法典》第五百六十六条（原《合同法》第九十七条）规定："合同解除后，尚未履行的，终止履行；已经履行的，根据履行情况和合同性质，当事人可以请求恢复原状或者采取其他补救措施，并有权要求赔偿损失。"第五百六十七条（原《合同法》第九十八条）规定："合同的权利义务关系终止，不影响合同中结算和清理条款的效力。"据此，合同解除后，尚未履行的不再履行，已经履行的，合同双方均可要求对合同进行清算，清算的方式包括恢复原状、采取其他补救措施或赔偿损失的方式。同时，如在合同履行过程中一方存在违约行为，守约方可要求违约方承担相应的违约责任。

在建设工程施工合同中，合同履行过程中施工方已经履行的工作转化为建设成果，在合同解除后，建设成果一般不能恢复原状，而应由发包人采折价补偿的替代方式向承包人进行补偿，价款的计算应当参照合同约定的计价方式进行计算。承包人因履行合同而购买的且已运至施工现场的材料以及拟安装的设备，亦不适合恢复原状，而应由发包人进行折价补偿。

因此，合同解除后，建筑企业应及时要求发包人就合同解除前建筑企业已完成的工作进行价款结算；就建筑企业为工程订购的并已交付给发包人，或发包人有责任接受交付的材料、工程设备和其他物品的价款进行结算；就退货、撤离工地、遣散人员的费用等进行结算；已完工程质量的检查和记录；工地和相关设备物资交接；相关工程资料的交接等。

双方就上述事宜不能达成一致意见时，建筑企业可综合考量提起诉讼或仲裁解决。

第四节　受新型不可抗力事件影响建筑企业主张合同解除的注意事项

一、判断新型不可抗力事件是否未达到单方解除合同的条件

建筑企业是否可以单方解除合同需要个案分析，不可贸然向发包人发送解除合同的通知。如建筑企业未取得单方解除权而直接向发包人发送解除合同的通知，则可能承担相应的违约责任。

二、建筑企业应尽量与发包人协商采替代方式继续履行合同

如建筑企业受新型不可抗力事件影响较为严重，继续履行合同对建筑企业存在较大困难，建筑企业应尽量与发包人友好协商，可以以变更合同价款约定、工期约定、项目人员约定、供应商约定、材料类别约定等替代方式继续履行合同，尽量将解除合同作为最后选择。

三、如建筑企业确需解除合同，应尽量取得发包人的同意，发包人未同意的，应尽快提起诉讼或仲裁解除

如建筑企业受新型不可抗力事件影响严重，且难以取得继续履行合同的替代方案，确需解除合同的，建筑企业应尽量取得发包人的同意，与发包人协商解除合同。

如发包人未同意解除合同，则建筑企业应尽快提起诉讼或仲裁，请求人民法院、仲裁委员会确认合同解除或判令解除合同。

四、对于达到合同解除条件的，行使单方解除权有期限限制

按照《民法典》第五百六十四条（原《合同法》第九十五条）规定，合同解除权存在一定的行使期限，超出该期限未行使解除权的，解除权消灭。

建筑企业如有意单方解除合同，应关注合同解除权的期限，对于约定解除权，应在合同约定的时间内解除合同。对于无约定的合同解除权，应在对方催告后在合理期限内行使。

五、合同解除的时间点

按照《民法典》第五百六十五条（原《合同法》第九十六条）规定，行使单方合同解除权时，合同自解除通知到达对方时解除。

由于合同解除的时间点涉及合同权利义务的清算，以及应承担或分担的费用的计算周期，因此合同解除的时间点非常重要，建筑企业在行使单方合同解除权时，应权衡利弊，选择合适的时间通知发包人解除合同。

第十二章

建筑企业如何应对发包人的消极行为及反索赔

受新型不可抗力事件影响，发包人也很有可能有相应损失，发包人为避免进一步承担责任、减少损失，可能采取消极应对的方式处理建筑企业合理合法的各种申请，也可能就新型不可抗力影响向建筑企业提起反索赔。建筑企业应妥善应对发包人这类行为。

第一节　建筑企业如何应对发包人的消极行为

一、建筑企业如何应对发包人拒绝签收各类通知的行为

建设工程施工合同对于承包人的索赔通常有逾期失权的约定，即承包人超过某一期限未提出索赔申请的即视为承包人放弃了索赔的权利。因此在合同争议进入诉讼或仲裁程序时，需要承包人就其曾提出过相关的索赔申请进行举证，各类证据中，发包人的签收是最直接的证明。

而对于发包人拒绝签收建筑企业发送的各类文件的行为，建筑企业应尽量争取以其他方式证明曾向发包人通知，以避免发生争议后处于不利地位。包括但不限于：

（1）优先按合同约定的方式送达通知，留存信件底单或原始电子邮件；

（2）其次采 EMS 方式寄送发包人法定代表人及授权代表，信封上简要写明通知的事项，需要邮戳并留存底单备查；

（3）同时采多种其他方式送达发包人，如电子邮件通知、微信通知、短信通知发包人法定代表人及授权代表，并留存该类证据的原始载体；

（4）同时寄送发包人其他管理人员；

（5）同时寄送监理单位、工程代建代管单位；

（6）如涉及重要事项，建议联系公证处进行公证送达。

二、建筑企业如何应对发包人不配合协商、拒绝协商或明确拒绝各项申请的行为

对于发包人不配合协商或拒绝协商或明确拒绝各项申请的行为，建筑企业应在施工过程中做好以下几点：

（一）施工过程中做好各类费用、事项的记录和原始凭证的保存工作

建筑企业应首先做好各类费用、事项的记录和原始凭证的保存工作，例如新冠疫情期间，建筑企业应记录购买疫情防控物资的数量、价格，保存购买防控物资合同、发票、收据、汇款记录等凭证；记录停工期间现场管理人员人数；记录停工期间机械设备的租赁费用和仓储费用；记录复工期间每日防疫物资的消耗量；记录专职卫生员人数及工作天数；记录每日按照规定隔离的劳务人员数量等。

（二）施工过程中做好施工受不可抗力影响的同期通知或签证

建筑企业应在施工过程中将施工受不可抗力影响的情况做好记录的同时，定期将该类影响通知发包人和监理，或就每一项事项取得发包人的同期签证。发包人授权代表拒绝签认的，可由发包人现场管理人员签认。

（三）施工过程中就应当主张的索赔及其他权利及时向发包人主张，并留存证据

建筑企业应就停工费用分担、工期顺延等权利及时向发包人主张，并留存向发包人主张的证据。

（四）在监理例会中要求记录相关申请

建筑企业应在监理例会中，要求记录建筑企业的各项申请。

（五）如相应主张始终得不到发包人同意，则应及时提起诉讼或仲裁，申请由人民法院或仲裁机构进行裁判

如相应主张始终得不到发包人同意，建筑企业应在权衡利弊后及时提起诉讼或仲裁，由人民法院或仲裁机构进行裁判来解决争议。

第二节　建筑企业如何应对发包人的反索赔或主张不可抗力情势变更等理由少付不付工程款的行为

一、建筑企业如何应对发包人主张人材机降价原因调低合同价款的行为

受不可抗力事件影响，部分材料或设备可能由于需求不足等原因降价，从而导致工程成本降低。该种情形发生时，发包人有可能以人材机价格下降为由，要求在结算时调低合同价款，或直接以其认为的结算数额向建筑企业支付工程款。就此，建筑企业按照以下方式进行处理：

建筑企业应首先查看双方合同是否为可调价格合同，在相应人材机价格下降时，发包人是否有权利调低合同价款，发包人如有权调低合同价款，其计算是否准确。

如双方合同确为可调价格合同，并且有明确的人材机价格下降时的调价方式，且发包人的调低行为符合合同约定，那么建筑企业应当接受发包人的结算方式。

发包人调低合同价款的行为如无合同依据，建筑企业可以拒绝发包人的结算方式，并要求发包人按照合同约定方式结算。如发包人始终不同意建筑企业的要求，建筑企业可在综合考虑利弊后，提起诉讼或仲裁，请求人民法院或仲裁机构判令发包人按照合同约定支付工程款。

二、建筑企业如何应对发包人主张工期延误的反索赔行为

如受不可抗力影响工期发生延误，并且发包人并不认可建筑企业工期顺延的申请，认为工程并未受到不可抗力严重影响，承包人无权停工或延缓施工进度，则发包人有可能向建筑企业提出工期延误的反索赔，或直接在工程

付款中扣除工期延误的违约金。

（一）首先做好工期顺延的申请

就发包人该种行为，建筑企业应首先按照本指引做好工期顺延的申请，包括但不限于将受不可抗力影响的事实及时通知发包人，采通知或协商的方式请求取得工期索赔，留存相应的证据等。

（二）初步判断发包人反索赔是否合理

建筑企业应在做好工期顺延申请的基础上，进一步判断工程工期延误的原因与不可抗力之间的关系大小，以及发包人主张的索赔数额是否符合合同约定。

如工期延误是政府命令禁止施工的时间段或施工现场被隔离查封的时间段，则该时间段对应的天数发包人无权就工期延误向建筑企业主张反索赔。

如工期延误虽然受不可抗力影响，但并未有政府命令禁止施工或隔离查封的情况，则该段时间对应的天数发包人是否有权进行工期索赔存在一定争议。

如工程并未受到不可抗力事件严重影响，工期延误的原因在于建筑企业本身，虽然该段时间在不可抗力事件发生期间内，发包人仍有权主张工期反索赔。

如工程在不可抗力事件发生前已经因建筑企业原因延误，且按照原定工期计划，工程在不可抗力事件发生前应当已经完成，那么不可抗力事件发生后导致的工期延误均应视为建筑企业原因造成的工期延误，发包人有权进行反索赔。

（三）视具体情况与发包人协商或提起诉讼、仲裁解决

对于发包人所主张的索赔无理由的，或对发包人所主张的索赔存有争议的，建筑企业应当与发包人进行协商解决，如双方协商不能达成一致，则应视情况提起诉讼、仲裁解决。

三、建筑企业如何应对发包人提出的对建筑企业擅自更换项目管理人员或供应商的反索赔行为

（一）建筑企业应尽量在更换项目管理人员或供应商前与发包人进行协商，在取得发包人同意后进行更换

建筑企业应尽量避免未经发包人同意，擅自更换项目管理人员或供应商的行为，尽量在更换项目管理人员或供应商前与发包人进行协商，在取得发包人同意后进行更换。

建筑企业在与发包人协商的过程中，可根据不可抗力事件对项目的影响情况，向发包人详细解释更换项目管理人员或供应商的原因，例如本次新冠疫情期间，原管理人员因医疗期、隔离期等原因无法工作，原供应商因疫情原因无法运营等。

（二）无法协商的情况下，建筑企业应尽量将更换项目管理人员或供应商的原因提前通知发包人

在发包人消极应对，无法与发包人进行协商，而建筑企业受不可抗力影响严重，不得不更换项目管理人员或供应商的情况下，建筑企业应尽量将更换项目管理人员或供应商的原因提前通知发包人。

（三）在发包人提出反索赔后，积极与发包人沟通，避免因此受到损失

如建筑企业未经发包人同意，已经更换了项目管理人员或供应商，发包人因此提出反索赔，建筑企业应尽量与发包人沟通、协商，告诉发包人更换的原因，并提供相应的证明资料，以取得发包人理解，尽量避免因发包人的反索赔受到损失。

（四）在无法沟通的情况下，视情况采诉讼仲裁方式解决争议

在与发包人无法沟通无法协商的情况下，如发包人已经因此扣除了相应的工程款，建筑企业可视情形采诉讼、仲裁方式解决争议。

四、建筑企业如何应对发包人主张不可抗力规则或情势变更规则少付、不付工程款的行为

受不可抗力事件影响，发包人有可能受到损失，也有可能存在资金短缺、资金链断裂的情形，发包人也有可能主张不可抗力或情势变更等原因少付或不付工程款，对于发包人该种行为，建筑企业应注意以下几点。

（一）发包人通常不能以不可抗力或情势变更为由少付、不付工程款

首先应当明确的是，除特殊情形之外，发包人按时支付工程款的义务并不能以不可抗力等原因进行免除。

原因在于，不可抗力的适用需以义务无法履行与不可抗力存在直接因果关系为前提，只有当不可抗力事件对合同履行造成直接影响，形成履行障碍，且履行障碍不能克服时，才可以适用不可抗力的相关规定来减免责任。而由于金钱为种类物，金钱债务的履行一般不会受到不可抗力的直接影响，因此，通常认为金钱债务一般不能以不可抗力为由免责。

对此，新冠疫情期间，上海市高级人民法院《关于涉新冠肺炎疫情案件法律适用问题的系列问答（二）》即明确指出："对于金钱债务发生履行障碍的，一般不适用不可抗力条款免责。"

（二）建筑企业可视情况就该种行为及时提起诉讼或仲裁，并采取相应的保全措施

如在不可抗力事件发生期间，出现发包人少付、不付工程款的行为，则可能发包人已陷入资金短缺、资金链断裂的情形，建筑企业可优先与发包人协商确认共渡难关的方式。

如发包人在此之外仍存有大量债务，建筑企业应视情况及时提起诉讼或仲裁，并采取相应的财产保全措施。

（三）建筑企业可在符合合同约定的情形下停工或放缓施工进度

如发包人少付、不付工程款，已经满足了合同关于停工的约定，为避免建筑企业因发包人破产等原因无法取得相应的工程款，致使损失进一步扩大，建筑企业有权停工或放缓施工进度。

（四）建筑企业可在符合法律规定的情形下主张不安抗辩权停工或放缓施工进度

《民法典》第五百二十七条（原《合同法》第六十八条）规定："应当先履行债务的当事人，有确切证据证明对方有下列情形之一的，可以中止履行：（一）经营状况严重恶化；（二）转移财产、抽逃资金，以逃避债务；（三）丧失商业信誉；（四）有丧失或者可能丧失履行债务能力的其他情形。当事人没有确切证据中止履行的，应当承担违约责任。"

建筑企业如发现发包人有《民法典》第五百二十七条（原《合同法》第六十八条）的情形的，虽然未到发包人应付工程款的时间，建筑企业仍有权停工或放缓施工进度。但建筑企业应当有明确证据，否则可能需承担工期延误的违约责任。

第十三章

建筑企业如何处理与分包分供方的关系

新型不可抗力事件发生后，建筑企业不仅应该关注与发包人之间的关系，还应该注意正确处理其与相关分供分包方的关系。笔者建议，建筑企业在处理与分供分包方的关系时，应注意以下几点。

第一节　处理与分包分供方关系的通用原则

（一）友好协商，共克时艰

受新型不可抗力事件影响，建筑企业的收款可能受到一定影响，这也将影响建筑企业对下游分供分包商的付款。建筑企业应与相应的分包分供商友好协商，就付款等事宜协商达成一致，共担风险和损失，避免采取一味拖欠、隐瞒等不诚信手段进行经营。

（二）慎重更换分包分供方

对于受到不可抗力事件影响无法及时履行合同义务的分包分供方，应首先尽力协商其解决现实困难，恢复合同履行能力。对于确实严重影响到工程实施的分供分包方，方可采取合同解除等措施。更换分包方时，应注意完善相关手续，对于分包方已经实施完成的部分，应由双方及时书面确认相应的工程量、完成部位及界面划分，避免发生新旧分包交接不清的情况。对于原分包施工存在的质量问题，应在交接时予以注明，并应写清原分包明确放弃自行修复、同意由建筑企业指定新的分包修复等内容。

（三）梳理分包分供合同约定

针对受不可抗力事件影响，分供分包合同中约定的供货时间、分包工期、价格、付款时间、标的数量等均可能受到影响，建筑企业应根据具体项目的情况，对于分供分包合同中相关约定事宜与实际不再相符的部分进行梳理，提出相应的处理方案，并及时通知相关的分包分供方，涉及合同内容变化的，必要时应办理相应的合同变更手续或签订补充协议就相关变更情况进行约定。

第二节　与材料、设备供应商的买卖合同关系

一、建筑企业如何处理供应商的迟延发货或要求解除合同的通知、申请或行为

受新型不可抗力事件影响，各类企业普遍在一段时间内无法正常运营，可以正常运营的企业也可能因物流受影响而无法供货，对于对建筑企业影响不大的迟延发货或要求解除合同的通知或申请，建筑企业可根据前述通用原则，与供应商友好协商，妥善处理双方关系，共担风险和损失。

对于对建筑企业影响较大的材料、设备供应商，如供应商的迟延发货或解除合同已经导致建筑企业受到了严重损失，或可能使建筑企业受到严重损失，建筑企业有意在日后通过诉讼或仲裁方式向其索赔，则建筑企业应关注以下几点：

（1）审查供应商迟延发货是否是不可抗力原因导致的，如新冠疫情影响期间应审查供应商所在地疫情情况、供应商所在地政府所发布的防控政策、复工政策以及相应措施的解除时间，记录供应商实际发货的时间，重点关注疫情对供应商的影响，是否达到了使其无法供货或无法按期供货的程度；

（2）供应商是否在不可抗力事件发生后及时通知建筑企业其受不可抗力事件影响的程度，以及其需要迟延发货或解除合同的要求。

如不可抗力事件对供应商的影响并没有达到使其无法按期供货的程度，或供应商在不可抗力事件发生后未及时向建筑企业通知其受不可抗力事件影

响的情况，未向建筑企业申请迟延发货或解除合同，则对于建筑企业因此受到的损失及扩大损失，供应商应向建筑企业承担相应的赔偿责任。

二、建筑企业如何处理供应商的要求调整合同价款的通知或申请

受不可抗力事件影响，各类企业普遍在一段时间内无法正常运营，相应的材料、设备成本均会增加，部分供应商可能提出调整合同价款的申请，对于对建筑企业影响不大，且建筑企业有意互帮互助共渡难关的，建筑企业可按前述原则与其协商签订补充协议，调整合同价款。

对于对建筑企业影响较大的调价申请，建筑企业可综合考虑供应商违约风险后拒绝其调价申请。买卖合同不同于施工合同类的承揽合同，合同价款通常较为固定，无论按照法律规定还是交易惯例，合同签订后相应的价格风险均已确定，一般不予调整。

建筑企业在拒绝供应商的调价申请时，应同时做好对其违约行为的风险防范，包括但不限于及时寻找替代供应商替代方案、合理主张不安抗辩权适当推迟对其支付剩余款项等。

三、建筑企业是否可以因新型不可抗力事件原因主张迟延付款

建筑企业如因新型不可抗力事件原因资金周转困难，希望迟延付款，则应与供应商友好协商，以签订补充协议的形式确定迟延付款的时间。

建筑企业未取得供应商同意的迟延付款行为，不能以不可抗力为由主张免责，原因在于建筑企业在与供应商之间的买卖合同关系中所承担的债务为金钱债务，金钱债务的履行一般不会受到疫情、政府防疫措施等不可抗力的直接影响。

但对于建筑企业确实因新型不可抗力事件原因无法及时付款的，建筑企业可主张公平原则，申请减少相应的迟延付款利息或违约金。

四、建筑企业是否可以因新型不可抗力事件原因解除与供应商的买卖合同

与前述原因相同，建筑企业作为买方，在买卖合同中承担的为金钱债务，一般不能因不可抗力原因主张违约行为的免责，亦不能以不可抗力导致合同目的不能实现为由解除合同。

第三节　建筑企业与专业分包的关系

对于建筑企业作为总包时与专业分包的关系，建筑企业可以前述建筑企业与发包人之间的关系作为参考，同时关注以下几点。

一、在开复工安排以及新型不可抗力事件应对措施安排方面，施工总承包单位负总责

在开复工安排以及新型不可抗力事件措施安排等方面，施工总承包单位均应负总责，对于因专业分包新型不可抗力事件措施安排不到位导致的赔偿责任，施工总承包单位亦应承担相应的赔偿责任。因此，建筑企业也应关注自身对专业分包的安排，以及专业分包实际防控措施的执行情况。

在新冠疫情期间，各地建设行政主管部门对此均有要求，例如北京市住房和城乡建设委员会《关于加强施工现场办公区疫情防控工作的通知》（京建发〔2020〕32号）明确指出："施工总承包单位对施工现场办公区的疫情防控工作负总责，其他使用施工现场办公区的参建单位应服从施工总承包单位统一管理，对各自的使用区域负责。"

因此，建筑企业应统筹协调专业分包、劳务分包等分包单位的新型不可抗力事件应对措施安排，避免因专业分包、劳务分包单位未做好应对措施安排而使建筑企业承担相应赔偿或受到行政、刑事处罚。

二、建筑企业如何审查专业分包工期调整、工程造价调整的请求

（一）合理主张合同背靠背条款

国内专业分包合同通常有背靠背条款，在专业分包提出调整工期、工程造价的要求时，建筑企业作为施工总承包单位，可以主张相应的背靠背条款，以发包人通过调整为分包合同调整前提。

（二）审查工期调整是否合理

不可抗力事件并不必然导致工期顺延，建筑企业作为施工总承包，在审查专业分包的工期调整申请时应着重审查以下几点：

不可抗力事件对专业分包所申请的迟延事由之间是否存在因果关系；

不可抗力事件对专业分包的影响是否会导致关键线路迟延，如未导致关键线路迟延，则工期一般不予顺延；

在不可抗力事件发生前，专业分包是否已经延期。如已经延期，且不可抗力事件持续期间并不在原定工期计划之内，则专业分包不能以不可抗力为由免责，相应工期不予顺延。如已延期，但在原工期计划之内发生不可抗力事件，则专业分包本身工作的延误和不可抗力共同构成了工期延误的事由，专业分包对于工程延误亦应承担一定责任，应按不可抗力事件对原定工期的影响程度适当调整专业分包的工期。

（三）审查造价调整是否合理

建筑企业作为施工总承包时，对于专业分包提出的价款调整，应着重审查以下事由：

专业分包所提出的价款调整是否有重复计算的情形，如人材机涨价费用及停工损失之间的重复计算问题，重复计算部分应当仅做一次调整；

专业分包所提出的人材机价格上涨调价是否有相应的合同依据或法律依据；

专业分包所提出的人材机价格上涨调价是否与不可抗力事件发生之间有因果关系，如人材机价格上涨是由市场原因等商业风险造成，则不应适用情势变更等原则进行调价。

第十四章

建筑企业如何处理与公司职工的劳动关系

劳动关系是指劳动者与用人单位依法签订劳动合同而在劳动者与用人单位之间产生的法律关系。劳动者接受用人单位的管理，从事用人单位安排的工作，成为用人单位的成员，从用人单位领取劳动报酬和受劳动保护。劳动关系与劳务关系不同，主要区别于劳动者是否受用人单位监督管理，用人单位是否向劳动者发放劳动报酬等。

建筑企业在判断与特定人员是否构成劳动关系时，可根据建筑企业是否与特定人员签订劳动合同，是否为特定人员缴纳社保等两方面判断，一般来讲，建筑企业所聘用的财务人员、法务人员、人力资源管理人员、项目经理等均属于公司员工，与建筑企业之间存在劳动关系。

第一节 受新型不可抗力事件影响建筑企业对公司职工的工作安排

建筑企业对公司职工工作安排首先应符合国家规定，如在新冠疫情期间，受新冠疫情影响，国家及地方均发布了延迟复工以及疫情防控的相关通知及要求，在此期间，建筑企业应严格按照国家及地方关于复工、疫情防控等方面的规定，以及针对建筑企业开复工的专项要求，安排职工工作，不能强行复工，以防因疫情防控措施不到位、强行复工等原因导致疫情扩散，并导致企业承担民事责任，以及进一步的行政处罚和刑事责任。

在此基础上，对于财务人员、法务人员等文职工作，可采灵活用工（安排职工在不同时间段值班）、在家办公等方式安排工作。

第二节　受新型不可抗力事件影响建筑企业与
公司职工的工资发放关系

受新型不可抗力影响，建筑企业发放员工工资应符合劳动合同以及行政机关发布的行政命令的要求，工资发放问题涉及事件发生当时的政策，受客观原因影响变化较大，以下仅以新冠疫情期间的工资发放关系为例进行说明，在其他新型不可抗力发生时，建筑企业可对此进行参考。

一、春节假期延长期间的工资发放

2020 年 1 月 31 日至 2 月 2 日属于国务院办公厅所决定的延长假期期间，延长的春节假期应属于休息日。对于该段时间内，因特殊原因不能休假和提前结束休假复工的员工，建筑企业应安排其同等时间的补休，不能安排补休的，按照不低于工资基数的 200% 支付加班工资。

对此部分地方人社部门相关通知也有要求，如北京市人力资源和社会保障局《关于进一步做好疫情防控期间本市人力资源和社会保障相关工作的通知（京人社办发［2020］2 号）》要求："根据《国务院办公厅关于延长 2020 年春节假期的通知》，2020 年 1 月 31 日至 2 月 2 日期间因疫情防控不能休假和提前结束休假复工的职工，企业应当安排其同等时间的补休，不能安排补休的，按照不低于工资基数的 200% 支付加班工资。"

二、延迟复工期间职工工资的发放

2020 年 2 月 2 日以后，各地均发布了涉疫情防控的延迟复工通知，要求建筑企业无特殊原因在 2 月 9 日之前不得复工，在 2 月 9 日之后复工的应当做好疫情防控措施。建筑企业因此均会有较长的延期复工时间。

对于因疫情原因延迟复工期间公司职工的工资，建筑企业应根据与职工之间的劳动合同，以及人力资源社会保障部办公厅《关于妥善处理新型冠状病毒感染的肺炎疫情防控期间劳动关系问题的通知》和建筑企业注册地政府主管部门的通知发放，对于实际用工地与企业注册地不同的，一般按照实际用工地的要求发放，但企业注册地标准高于实际用工地，其建筑企业与劳动者明确约定适用企业注册地标准的除外（《劳动合同法实施条例》第十四条规定）。

根据人力资源社会保障部办公厅《关于妥善处理新型冠状病毒感染的肺炎疫情防控期间劳动关系问题的通知》的要求，企业停工停产在一个工资支付周期内的（按照《劳动合同法》规定，工资支付周期按照劳动合同约定确定，但至少每月支付一次工资），企业应按劳动合同规定的标准支付职工工资。超过一个工资支付周期的，若职工提供了正常劳动，企业支付给职工的工资不得低于当地最低工资标准。若职工没有提供劳动，则企业应当按照省、直辖市、自治区规定的办法发放生活费。

生活费的标准各地不同，按照现有规定，基本分为四档，建筑企业可参照执行：

第一档：不低于当地的最低工资标准：上海市、天津市；

第二档：不低于最低工资标准的80%：广东省、江苏省、浙江省、河南省、河北省；

第三档：不低于最低工资标准的75%：陕西省；

第四档：不低于最低工资标准的70%：北京市、安徽省、山东省、四川省。

三、因疫情原因被隔离职工工资的发放

《传染病防治法》第四十一条第二款后半段规定："被隔离人员有工作单位的，所在单位不得停止支付其隔离期间的工作报酬。"人力资源社会保障部办公厅《关于妥善处理新型冠状病毒感染的肺炎疫情防控期间劳动关系问题的通知》也要求企业应当支付职工在被隔离期间的工作报酬。按照各省、直辖市、自治区出台的相关政策，职工被隔离期间的工资均应按职工正常工作期间的工资支付。

以北京市为例，北京市人社局等三部门发布的《关于做好新型冠状病毒肺炎疫情防控期间稳定劳动关系支持企业复工复产的实施意见》要求："对因依法被隔离导致不能提供正常劳动的职工，企业按正常劳动支付其工资。"据此，对于因疫情被隔离职工，建筑企业仍应按照其正常工作期间的工资标准发放工资。

四、因疫情原因处于医疗期不能提供正常工作的职工工资的发放

（一）医疗期期间的确定

按照原劳动部《企业职工患病或非因工负伤医疗期的规定》（劳部发

［1994］479 号）规定，企业职工因患病或非因工负伤，需要停止工作医疗时，根据本人实际参加工作年限和在本单位工作年限，给予三个月到二十四个月的医疗期。

各地关于医疗期也均有相应规定，如上海市《关于本市劳动者在履行劳动合同期间患病或者非因工负伤的医疗期标准的规定》第二条规定，医疗期按照劳动者在本用人单位的工作年限设置。劳动者在本单位工作第 1 年，医疗期为 3 个月；以后工作每满 1 年，医疗期增加 1 个月，但不超过 24 个月。

（二）医疗期工资的标准

对于疫情原因处于医疗期不能提供正常工作的职工，建筑企业应按照与其之间的劳动合同约定或集体合同的约定支付工资，但同时应满足国家及建筑企业注册地所规定的最低标准（建筑企业注册地与实际用工地不一致的，除建筑企业注册地标准高于实际用工地标准，并且建筑企业与职工明确约定适用建筑企业注册地标准的，否则仍应适用实际用工地标准）。

按照原劳动部关于印发《关于贯彻执行〈中华人民共和国劳动法〉若干问题的意见》的通知第五十九条的规定，职工患病或非因工负伤治疗期间，在规定的医疗期间内由企业按有关规定支付其病假工资或疾病救济费，病假工资或疾病救济费可以低于当地最低工资标准支付，但不能低于最低工资标准的 80%。

除上述最低标准的规定之外，建筑企业工资发放仍应符合各地规定。

例如《北京市工资支付规定》（2007 年修订）第二十一条规定："劳动者患病或者非因工负伤的，在病休期间，用人单位应当根据劳动合同或集体合同的约定支付病假工资。用人单位支付病假工资不得低于本市最低工资标准的 80%。"同时按照《北京市最低工资规定》最低工资标准 2200 元／月计算，医疗期内用人单位支付的工资不得低于 2200 元／月 × 80% = 1760 元／月。

再如《深圳市员工工资支付条例（2009 修正)》则规定："员工患病或者非因工负伤停止工作进行医疗，在国家规定的医疗期内的，用人单位应当按照不低于本人正常工作时间工资的百分之六十支付员工病伤假期工资，但不得低于最低工资的百分之八十。"

五、对于疫情期间灵活用工、在家办公职工工资的发放

对于疫情期间采灵活用工、在家办公的职工，建筑企业应按照与其之间

的劳动合同约定支付工资，同时应满足国家及地方政策的要求。

以北京市为例，北京市人力资源和社会保障局《关于进一步做好疫情防控期间本市人力资源和社会保障相关工作的通知》要求："对于企业要求职工通过网络、电话等灵活方式在家上班的，按照正常工作期间的工资收入支付工资。"据此，企业要求职工在家上班的，应按照正常工作期间的工资支付工资。

六、对于企业因新冠疫情困难的，可与职工协商灵活用工、调整工薪

人力资源社会保障部办公厅《关于妥善处理新型冠状病毒感染的肺炎疫情防控期间劳动关系问题的通知》指出："企业因受疫情影响导致生产经营困难的，可以通过与职工协商一致采取调整薪酬、轮岗轮休、缩短工时等方式稳定工作岗位，尽量不裁员或者少裁员……"

如建筑企业受本次疫情影响导致企业困难，则可与职工协商调整薪酬、轮岗轮休、缩短工时、待岗等方式稳定工作岗位。

第三节　新型不可抗力事件下建筑企业与职工之间的劳动合同关系

建筑企业不能简单因不可抗力影响而解除劳动合同关系。建筑企业与职工解除劳动关系应当符合《劳动合同法》第三十九条、四十条、四十一条之规定。《劳动合同法》第三十九条规定："劳动者有下列情形之一的，用人单位可以解除劳动合同：（一）在试用期间被证明不符合录用条件的；（二）严重违反用人单位的规章制度的；（三）严重失职，营私舞弊，给用人单位造成重大损害的；（四）劳动者同时与其他用人单位建立劳动关系，对完成本单位的工作任务造成严重影响，或者经用人单位提出，拒不改正的；（五）因本法第二十六条第一款第一项规定的情形致使劳动合同无效的；（六）被依法追究刑事责任的。"第四十条规定："有下列情形之一的，用人单位提前三十日以书面形式通知劳动者本人或者额外支付劳动者一个月工资后，可以解除劳动合同：（一）劳动者患病或者非因工负伤，在规定的医疗期满后不能从事原工作，也不能从事由用人单位另行安排的工作的；（二）劳动者不

能胜任工作，经过培训或者调整工作岗位，仍不能胜任工作的；（三）劳动合同订立时所依据的客观情况发生重大变化，致使劳动合同无法履行，经用人单位与劳动者协商，未能就变更劳动合同内容达成协议的。"

同时，《劳动合同法》第四十二条规定："劳动者有下列情形之一的，用人单位不得依照本法第四十条、第四十一条的规定解除劳动合同：（一）从事接触职业病危害作业的劳动者未进行离岗前职业健康检查，或者疑似职业病病人在诊断或者医学观察期间的……"

如企业职工无《劳动合同法》所规定的相关情形，建筑企业不能单方与职工解除合同，如建筑企业单方与劳动者解除合同，则可能将承担双倍经济赔偿、强制继续履行劳动合同等责任。在新冠疫情期间，为防止企业单方与劳动者因疫情防控隔离等原因单方解除劳动合同，各地方均下发了相应通知对此进行强调。

以北京市为例，北京市人力资源和社会保障局发布的《关于进一步做好疫情防控期间本市人力资源和社会保障相关工作的通知》要求："对新型冠状病毒感染的肺炎患者、疑似病人、密切接触者在其隔离治疗期间或医学观察期间以及因政府实施隔离措施或者采取其他紧急措施导致不能提供正常劳动的职工，企业应当视同提供正常劳动并支付其工资，不得解除劳动关系。在此期间，劳动合同到期的，分别顺延至职工医疗期期满、医学观察期期满、隔离期期满或者政府采取的紧急措施结束。"

第四节　新型不可抗力事件下建筑企业社保、公积金的缴纳

此处以新冠疫情期间国家发布的相关政策为例进行说明。

一、建筑企业可申请免征、减征、缓征社保

人社部、财政部、税务总局在 2020 年 2 月 20 日发布《关于阶段性减免企业社会保险费的通知》，对于基本养老保险、失业保险、工伤保险三项保险可相应减免征收。按照上述通知规定，自 2020 年 2 月起，对于湖北省以外的省市，可根据受疫情影响情况和基金承受能力，免征中小微企业三项社会保险单位缴费部分，免征期限不超过 5 个月；对大型企业等其他参保单位（不

含机关事业单位）三项社会保险单位缴费部分可减半征收，减征期限不超过 3 个月。湖北省可免征各类参保单位（不含机关事业单位）三项社会保险单位缴费部分，免征期限不超过 5 个月。

受疫情影响生产经营出现严重困难的企业，可申请缓缴社会保险费，缓缴期限原则上不超过 6 个月，缓缴期间免收滞纳金。

国家医保局、财政部、税务总局在 2020 年 2 月 27 日发布《关于阶段性减征职工基本医疗保险费的指导意见》，意见指出："自 2020 年 2 月起，各省、自治区、直辖市及新疆生产建设兵团（以下统称省）可指导统筹地区根据基金运行情况和实际工作需要，在确保基金收支中长期平衡的前提下，对职工医保单位缴费部分实行减半征收，减征期限不超过 5 个月。"

湖南、湖北、广东等省份也相应发布了具体的实施意见（如湖南省人社厅、省财政厅、国家税务总局湖南省税务局、省统计局《关于阶段性减免企业社会保险费的实施意见》），北京市人社局、财政局、税务局《关于做好北京市阶段性减免企业社会保险费工作的通知》（京人社养字〔2020〕29 号）。其他各省市相应的社保减征免征缓征具体实施意见也应在制定中。

建筑企业如在疫情期间，受疫情影响经营困难，则可进一步关注当地政府所发布的社保减免缓征实施意见，申请社保款项的减免缓征。

二、建筑企业可申请缓交住房公积金

2020 年 2 月 25 日，住房和城乡建设部、财政部、中国人民银行三部门联合发布《关于妥善应对新冠肺炎疫情实施住房公积金阶段性支持政策的通知》指出："受新冠肺炎疫情影响的企业，可按规定申请在 2020 年 6 月 30 日前缓缴住房公积金，缓缴期间缴存时间连续计算，不影响职工正常提取和申请住房公积金贷款。"

上述通知发出后，各省市也相应下发了住房公积金阶段性政策，如北京住房公积金管理中心发布的《关于妥善应对新冠肺炎疫情落实住房公积金阶段性支持政策的通知》（京房公积金发〔2020〕9 号）。

建筑企业如受疫情影响经营困难，可根据当地政府所发布的公积金缓交政策，申请公积金的缓交。

第十五章

建筑企业如何利用住房和城乡建设主管部门发布的工程计价文件调整合同价格

为稳定建筑行业市场秩序，住房和城乡建设主管部门通常会在人材机价格或工程实施成本出现大幅度波动时，发布相应的价格调整文件，指导建设单位和施工单位对工程价格进行调整。而在不可抗力事件发生后，政府主管部门更有可能对应发布相应的工程计价文件。

以新冠疫情为例，新冠疫情延续期间，各地住房和城乡建设主管部门相继发布了各类关于工程计价的指导性文件，该类文件对于建筑企业在疫情持续后期，以及疫情结束后的工程计价、调价有着重要意义。

但建筑企业普遍对该类文件的效力以及应用范围、应用方式存在误解。

明确这些相关文件属于何种法律性质、是否对发包人与承包人具有拘束力、法院审理案件是否适用此类文件等均具有十分重要的意义。

第一节　政府主管部门应对新型不可抗力事件可能涉及的文件内容

各地住房和城乡建设主管部门发布的工程计价文件主要涉及以下几方面内容。

一、停工损失的分担

各地建设部门相关文件对于不可抗力事件发生期间未复工的项目，费用调整按照法律法规及合同条款，按照不可抗力有关规定及约定合理分担损失。例如新冠疫情期间，江苏省住房和城乡建设厅《江苏省住房和城乡建设厅关于新冠肺炎疫情影响下房屋建筑与市政基础设施工程施工合同履约及工程价款调整的指导意见》（苏建价［2020］20 号）提到"因新冠肺炎疫情防控造成的损失和费用增加，适用合同不可抗力相关条款规定。合同没有约定或约定不明的，可以以《建设工程工程量清单计价规范》GB 50500—2013 第 9.10 条不可抗力的相关规定为依据"。

二、不可抗力应力费用的承担

例如在新冠疫情期间，各地建设部门相关文件对于因疫情导致的防控费用增加问题，有些省份文件中将防疫防控费用列入专项经费中，有些省份文件中认为可通过签证或疫情防控措施方案由发包人承担，还有部分省份文件中没有明确具体承担原则，由发包人与承包人协商确定。

三、人工费、材料费如何调整

例如在新冠疫情期间，各地建设部门相关文件对于因新冠疫情导致的人工费、材料费上涨是否调整、如何调整的相关意见有所不同。江苏省住房和城乡建设厅《江苏省住房和城乡建设厅关于新冠肺炎疫情影响下房屋建筑与市政基础设施工程施工合同履约及工程价款调整的指导意见》（苏建价［2020］20 号）提到"对受新冠肺炎疫情影响，可能发生的人工、材料设备、机械价格的波动，发承包双方应按照合同约定的价款调整的相关条款执行。合同没有约定或约定不明的，由发承包双方根据工程实际情况签订补充协议，合理确定价格调整办法"。

又如浙江省住房和城乡建设厅《关于全力做好疫情防控支持企业发展的通知》（浙建办［2020］10 号）提到"因疫情防控导致人工、材料价格重大变化，相应调整方式在合同中没有约定的，建设单位和施工企业、工程总承包企业可根据实际情况适用情势变更：依据《浙江省建设工程计价依据（2018版）》中'5%以内的人工和单项材料价格风险由承包方承担，超出部分由发包方承担'的原则合理分担风险。疫情防控期间继续施工的项目，可在工程造价中单列疫情防控专项经费，按照每人每天 40 元的标准计取"。

第二节　政府主管部门应对新型不可抗力事件文件的法律性质

从我国目前法律性质文件的分类来讲，因制定机关和制定程序的不同，主要分为宪法、法律、行政法规、地方性法规、部门规章、地方性规章以及其他规范性文件。其中，对于其他规范性文件，现行的法律、法规并无明确的界定，《行政诉讼法》第五十三条规定"公民、法人或者其他组织认为行政行为所依据的国务院部门和地方人民政府及其部门制定的规范性文件不合法，在对行政行为提起诉讼时，可以一并请求对该规范性文件进行审查"，是法律中对规范性文件的主要规定，结合《国务院办公厅关于加强行政规范性文件制定和监督管理工作的通知》（国办发〔2018〕37号），规范性文件是除国务院的行政法规、决定、命令以及部门规章和地方政府规章外，由行政机关或者经法律、法规授权的具有管理公共事务职能的组织依照法定权限、程序制定并公开发布，涉及公民、法人和其他组织权利义务，具有普遍约束力，在一定期限内反复适用的公文。

同时，根据《行政诉讼法》及其司法解释、《国务院办公厅关于加强行政规范性文件制定和监督管理工作的通知》（国办发〔2018〕37号），规范性文件具有如下基本特征：（1）对不特定的对象规定了具体的权利义务，在本行政区域或其管理范围内具有普遍约束力；（2）在一定时间内相对稳定、能够反复适用；（3）在制定程序上，规范性文件比一般文件要更加严格，一般要参照《规章制定程序条例》的规定的程序执行；（4）不得与法律、法规、规章等上位法的规定相抵触；（5）不得超越法定职权或者超越法律、法规、规章的授权范围；（6）没有法律、法规、规章依据，不得违法增加公民、法人和其他组织义务或者减损公民、法人和其他组织合法权益。

地方政府部门发布的文件除上文所述的规范性文件以外，也经常发布政策性指导文件，一般以"指导意见"形式发布，政策指导性文件的定义及法律性质，现行的法律、法规、规章并无明确的界定，一般是指各级政府及其工作部门在其职权范围内就某些行政管理事项而制定的政策指导性文件，是体现政策方向最为重要的形式之一。政策指导性文件与规范性文件有本质的区别，政策指导性文件一般不会明确规定公民、法人和其他组织的权利义务，也不具有普遍的强制约束力，在制定方面也不需要遵循严格的程序。但是，实践中，行政机关发布规范性文件和政策指导性文件比较混乱，并未严格作出区分，不少行政机关在制定政策指导性文件过程中没有将其与规范性文件作区分，导致政策指导性文件中规定了一些涉及公民、法人和其他组织的具体权利义务。

结合上文内容可以得出以下结论：

首先，根据《建筑法》《建设工程质量管理条例》《建设工程安全生产管理条例》，以及《突发公共卫生事件应急条例》第四条"突发事件发生后……县级以上地方人民政府有关部门，在各自的职责范围内做好突发事件应急处理的有关工作"等规定，住房和城乡建设主管部门具有贯彻执行国家住房和城乡建设领域的法律、法规和方针、政策的职责，有权研究拟定工程建设领域有关规范性文件并监督实施；针对新冠疫情等不可抗力事件，地方住房和城乡建设主管部门可以根据上述法律法规发布针对性的相关规范性文件、政策指导性文件，并采取相应的措施。

其次，各地住房和城乡建设主管部门发布的涉及不可抗力应对措施等方面文件的法律性质，根据发布的相关文件是否规定了公民、法人和其他组织的权利义务，具有普遍的强制约束力，我们认为主要可以分为以下两类：

1. 属于规范性文件。该类文件中规定了公民、法人和其他组织的权利义务，并具有普遍的强制约束力，主要是涉及复工审核或备案、施工现场的管理条件等内容，例如北京市住房和城乡建设委员会在新冠疫情期间复工文件要求：全市房屋建筑与市政基础设施建设工程在确保各项疫情防控措施落实到位，施工现场具备封闭集中管理条件，完成复工各项准备工作，报区住房城乡建设委组织核查同意后，才可以复工；该通知明显规定了施工单位的权利义务，并且具有约束力，如果违反该通知，行政机关可能会根据相关法律法规进行处罚。

2. 属于政策指导性文件。该类文件主要是在其职权范围内关于不可抗力发生期间建设工程部分事项制定的政策指导性文件，不具有强制约束力。例如江苏省住房和城乡建设厅《江苏省住房和城乡建设厅关于新冠肺炎疫情影响下房屋建筑与市政基础设施工程施工合同履约及工程价款调整的指导意见》（苏建价〔2020〕20号）等。这类政策指导性文件对建设工程计价、工期等内容主要是指导性意见，不具有执行力；不遵守此类文件内容也不会导致行政处罚等。

综上，关于地方住房城乡建设主管部门发布的涉及不可抗力的工程计价等文件的法律性质，我们认为该类文件属于政策指导性文件，不具有强制约束力。

第三节　地方住房和城乡建设主管部门发布的
建设工程计价等文件的适用

一、对建设工程合同各方的适用问题

各地住房和城乡建设主管部门发布的关于建设工程计价等政策指导性文件，对建设工程合同各方当事人而言，不具有强制约束力；受不可抗力事件影响的建设工程计价等事项，建设工程合同各方应优先适用合同约定或补充协议约定，如合同中明确约定了相关内容，按照合同约定执行，如合同没有约定或约定不明，合同各方也可进行协商，针对工期、计价、停工损失、防疫费用等事项达成补充协议；在合同没有约定或约定不明确情况下，且双方未达成补充协议情况下，各方可根据当地住房和城乡建设主管部门发布的关于计价的政策指导性文件，作出相应调整。综上，各方当事人合同约定或补充约定优先于各地住房和城乡建设主管部门发布的关于工期、计价等政策指导性文件的适用，即该类政策指导性文件不能推翻当事人的合同约定，不具有强制约束力。

二、法院对于该类文件的适用问题

目前，我国《民事诉讼法》和《行政诉讼法》均未对法院审理案件时，可否参照规范性文件、政策指导性文件作出规定；仅在《行政诉讼法》中规定，人民法院审理行政案件，参照规章，同时可对原告附带提出要求审查的规范性文件进行合法性审查。因此，法院审理案件不能以规范性文件、政策指导性文件作为直接依据，但实践中行政机关发布的规范性文件、政策指导性文件，对法院审理案件依然有着重要的参考价值。

对于各地住房和城乡建设主管部门发布的关于计价的政策指导性文件的适用问题，一般此类争议往往是建设工程合同当事人之间的民事法律纠纷。首先，司法实践中法院审理民事案件，除合同违反法律、行政法规强制性规定外，遵循合同约定是法院审理和判决的基本原则。其次，对合同中未作约

定或约定不明的情况，司法实践中一般由法院根据法律基本原则，各地区的相关地方法规、政策和意见，案件的实际情况等，综合考虑进行自由裁量。此时各地住房和城乡建设主管部门发布的关于工期、计价、停工损失等政策指导性文件，对法院来说，就具有重要的参考意义，最高人民法院在《〈中华人民共和国合同法〉若干问题的解释（二）理解与适用》一书中有观点认为，法院在具体认定情势变更时，可以适当参照各地出台的一些适时反映本地区情况的地方法规、政策和意见等文件进行考量，并提到了江苏省住房和城乡建设厅针对"非典"疫情后建材价格大幅上涨而出台的《关于妥善处理建筑材料价格上涨确保工程质量和安全的意见》。因此，法院在审理民事案件时，首先遵循当事人之间的合同约定；合同没有约定或约定不明时，又无法律法规的明确规定，法院可参考各地住房和城乡建设主管部门发布的关于计价等政策指导性文件审理案件。

如《山东高院民一庭涉疫情建设工程施工合同纠纷案件法官会议纪要》第五条规定："当事人在建设工程施工合同中对不可抗力影响工程结算价款的情形有约定的，按照约定处理。合同中没有明确约定的，可以按照当地建设行政主管部门的规定处理。因疫情防控增加的防疫费用，可计入工程造价。发包人要求赶工增加的费用，应计入工程价款由发包人承担。对于因疫情造成的人工、建材价格上涨等成本，应当按照合同约定的调价方法调整合同价款。对于建设工程施工合同中约定固定总价，因疫情导致施工成本发生重大变化，符合《最高人民法院关于适用〈中华人民共和国合同法〉若干问题的解释（二）》第二十六条规定的，可以进行适当调整。"

综上，对于各地住房和城乡建设主管部门发布的关于计价的政策指导性文件的适用问题，应当遵循合同约定优先的原则，该类文件并不能突破当事人的合同约定，不具有强制约束力。但是，如果当事人没有约定的情况下，根据具体情况可以参照适用。

第四节　建筑企业应正确使用地方住房和城乡建设主管部门发布的计价文件

地方住房和城乡建设主管部门发布的建设工程计价等文件对于建筑企业与发包人之间的权利义务关系并没有强制约束力，但对建筑企业与发包人之间的计价活动有重要意义。因此建筑企业应正确使用该类文件。

一、合理认识该类文件对合同关系可能有的影响，规避可能的风险

建筑企业应正确认识到，并非指导文件认为的应由发包人承担的费用最终一定会由发包人承担，并非指导文件认为的可以调整合同价款的情形最终均可调整合同价款，并非指导文件认为的可以调整工期的情形最终均可调整工期，并非指导文件认为的可以适用不可抗力规则或情势变更规则的情形最终均可适用不可抗力规则或情势变更规则。

建筑企业对于不可抗力事件造成的影响应有清楚认识，不能将所有损失、费用的承担等都寄希望于由发包人承担，建筑企业应尽量采取补救、替代措施避免损失扩大，减少损失的发生。

二、在谈判、协商及诉讼、仲裁活动中合理使用该类文件

建筑企业可以在与发包人进行谈判、协商时，以该类指导文件作为依据，合理主张自身的诉求，申请发包人承担相应的费用，申请调整合同价款及合同工期。

建筑企业可以在诉讼或仲裁案件中，提交该类指导文件，作为主张不可抗力或情势变更规则，甚至是公平原则的证据或理由供人民法院或仲裁机构参考。

第十六章

新型不可抗力事件对建筑企业诉讼及
仲裁程序的影响

不可抗力发生后，对于诉讼及仲裁程序也有一定影响，由于诉讼、仲裁通常为建筑企业解决工程争议的最后一步，因此建筑企业也应对此有所关注。

以新冠疫情为例，新冠疫情发生后，全国各地均采取了相应的措施，防止疫情扩散，疫情严重如湖北、武汉等地，当地政府采取了封省、封城等严厉措施。同时，为避免诉讼、仲裁活动造成人员聚集，发生进一步的疫情扩散事件，2020年1月28日，最高人民法院党组召开专题会议暨应对新型冠状病毒感染肺炎疫情工作领导小组会议。会议指出要引导当事人通过网上立案、诉讼、调解、信访，就近跨域立案，跨区域远程办理诉讼事项，最大限度方便当事人和律师参与诉讼；对开庭等活动原则上推迟，该延期审理的案件依法延期审理。各地法院也相继出台各类疫情政策。受新冠疫情以及各地政府措施、法院应对方案的影响，建筑企业涉及诉讼、仲裁案件中权利的行使均受到一定的影响。

第一节　期间影响

一、诉讼、仲裁相关重要期间

诉讼、仲裁中的期间计算具有重大意义，错过相应期间将会导致当事人程序权利的丧失，疫情持续期间，这些重要期间也在相应计算中，建筑企业应予以重视。较为重要的诉讼、仲裁期间包括如下几个。

（一）上诉期

《中华人民共和国民事诉讼法》第一百六十四条规定："当事人不服地方人民法院第一审判决的，有权在判决书送达之日起十五日内向上一级人民法院提起上诉。当事人不服地方人民法院第一审裁定的，有权在裁定书送达之日起十日内向上一级人民法院提起上诉。"

《中华人民共和国民事诉讼法》第一百五十五条规定："最高人民法院的判决、裁定，以及依法不准上诉或者超过上诉期没有上诉的判决、裁定，是发生法律效力的判决、裁定。"

建筑企业如不服一审法院作出的判决或裁定，应当在收到相应文书后十五日内提起上诉，如当事人双方均未提起上诉，则一审判决或裁定即发生效力。

（二）申请再审的期限

《中华人民共和国民事诉讼法》第二百零五条规定："当事人申请再审，应当在判决、裁定发生法律效力后六个月内提出；有本法第二百条第一项、第三项、第十二项、第十三项规定情形的，自知道或者应当知道之日起六个月内提出。"

对于生效判决、裁定，建筑企业应在判决、裁定生效，或在知道或应当知道相应事由后六个月内提出再审申请，否则将丧失相应权利。

（三）答辩期和管辖权异议

《中华人民共和国民事诉讼法》第一百二十五条规定："人民法院应当在立案之日起五日内将起诉状副本发送被告，被告应当在收到之日起十五日内提出答辩状……"同法第一百二十七条规定："人民法院受理案件后，当事人对管辖权有异议的，应当在提交答辩状期间提出……"

建筑企业收到法院送达的起诉状后，应当在十五日内提出答辩状，如对该案管辖权存有异议，应当在上述答辩期内提出。

（四）举证期限

《中华人民共和国民事诉讼法》第六十五条规定："当事人对自己提出的主张应当及时提供证据。人民法院根据当事人的主张和案件审理情况，确定当事人应当提供的证据及其期限。当事人在该期限内提供证据确有困难的，可以向人民法院申请延长期限，人民法院根据当事人的申请适当延长。当事人逾期提供证据的，人民法院应当责令其说明理由；拒不说明理由或者理由不成立的，人民法院根据不同情形可以不予采纳该证据，或者采纳该证据但予以训诫、罚款。"

在特定案件中，如人民法院已经指定了举证期限，则建筑企业应在举证期限内提交证据，超过期限提交的，将承担相应的不利后果。

二、期间计算的影响

不可抗力事件通常不会影响到期间计算，但也有例外，即当不可抗力影响到法定节假日计算时，期间计算会受到影响。如新冠疫情期间，由于受疫情影响，国务院办公厅发布了《关于延长 2020 年春节假期的通知》延长春节假期至 2020 年 2 月 2 日，根据《民事诉讼法》第八十二条第三款规定："期间届满的最后一日是节假日的，以节假日后的第一日为期间届满的日期。"如诉讼相关的期间届满的最后一日在 2020 年 1 月 24 日至 2 月 2 日之间的，则受疫情影响，相应期间的届满日为 2 月 3 日。

三、期间的顺延

《中华人民共和国民事诉讼法》第八十三条规定："当事人因不可抗拒的事由或者其他正当理由耽误期限的，在障碍消除后的十日内，可以申请顺延期限，是否准许，由人民法院决定。"

不可抗力事件发生后，建筑企业如因不可抗拒的事由或其他正当事由耽误期间的，可以在相应事由消除后十日内向人民法院申请延长相应期限，例如疫情期间因政府采取封城措施导致建筑企业无法交寄上诉状，建筑企业应在封城措施取消后十日内申请延长上诉期间，并提交上诉状。

应注意的是，期限是否予以顺延，取决于建筑企业是否受不可抗力影响而确实无法采取相关诉讼活动，期间是否顺延由人民法院决定。

第二节　诉讼时效期间

诉讼时效期间较为特殊，因此在此单独讨论。

《民法典》第一百八十八条规定："向人民法院请求保护民事权利的诉讼时效期间为三年。法律另有规定的，依照其规定。诉讼时效期间自权利人知道或者应当知道权利受到损害以及义务人之日起计算。法律另有规定的，依照其规定。但是自权利受到损害之日起超过二十年的，人民法院不予保护；有特殊情况的，人民法院可以根据权利人的申请决定延长。"

《民法典》第一百九十四条规定："在诉讼时效期间的最后六个月内，因下列障碍，不能行使请求权的，诉讼时效中止：（一）不可抗力……自中止时效的原因消除之日起满六个月，诉讼时效期间届满。"

《突发事件应对法》第十三条规定："因采取突发事件应对措施，诉讼、行政复议、仲裁活动不能正常进行的，适用有关时效中止和程序中止的规定，但法律另有规定的除外。"

民事案件诉讼时效为 3 年，时效届满前最后六个月内因不可抗力事件不能行使请求权的可适用诉讼时效中止的规定，在不可抗力事件消除之日起六个月后届满。

第三节　立案、开庭等诉讼活动

不可抗力事件也会对立案、开庭产生一定影响。如新冠疫情防控期间，各省级高级人民法院、司法行政主管部门均发布了保障当事人诉讼权利的相关通知，避免当事人前往法院，要求全面开展网上立案、网上开庭工作。

但网上立案、网上开庭效率相较于正常立案、开庭较低。

第四节　建筑企业应当进行合理应对

一、关注债权以及拟启动案件的诉讼时效

由于受不可抗力影响，部分企业可能无法取得相应拟启动案件的相关证据或无法联系到合适的律师进行代理，部分拟启动案件暂时无法启动，建筑企业应关注该类案件的诉讼时效，避免因诉讼时效届满而丧失相应权利。

建筑企业可通过委托律师发律师函等方式中断诉讼时效，保障自身权利。

二、关注正在审理案件的重要诉讼、仲裁期间

不可抗力发生后，除国家法定假日延长的情形以外，与诉讼、仲裁相关的重要期间均仍在计算，包括但并不限于上诉期、申诉期、举证期限、答辩期、撤裁期限等重要期间，建筑企业在收到法院、仲裁委相关文件，如一审判决、生效判决、起诉状、举证通知书、裁决书等文书后，应尽快与法务人员进行沟通，避免错过相应期间导致丧失权利。

三、关注正在审理案件的诉讼进展

不可抗力事件发生后，建筑企业应关注正在审理案件的进展，对于因不可抗力事件无法出庭的案件，应尽快与法官沟通，申请中止审理。

事件结束后，建筑企业应继续关注正在审理案件的进展，及时与法官沟通，恢复相关案件的审理。

四、针对性采取申请延长期间等相应措施

如建筑企业受不可抗力影响，在相应期间内无法采取相应的诉讼活动，如因当地封城等原因，建筑企业无法交寄上诉状、答辩状、管辖权异议申请等文书，则应当在不可抗力影响结束后十日内及时向人民法院提出延长期间的申请，并同时提交相应文书。

如建筑企业在受不可抗力影响，无法在人民法院指定的举证期限内提交相应证据，应及时向人民法院提出延长举证期限的申请，并说明建筑企业受不可抗力影响的情况，以及申请延长期限的理由。

第十七章

充分发挥司法指导文件及政府指导意见的作用

对影响范围广泛的不可抗力事件，为应对其对社会造成的冲击，防止社会失序，政府和司法部门往往会发布相关的指导文件或处理规则。例如，新冠疫情发生以来，最高法院以及各地法院发布了相应的涉及新冠疫情案件审理的指导文件，各地住房和城乡建设主管部门也发布了一些针对建设单位与施工单位之间关系的指导文件。

上述这些文件对于建筑企业处理新冠疫情相关案件，以及后续可能会出现的新型不可抗力事件影响下的案件均由一定的指导意义，因此本书对部分文件进行详细解读，供建筑企业参考。

第一节 《最高人民法院关于依法妥善审理涉新冠肺炎疫情民事案件若干问题的指导意见》（一）、（二）的解读

由于本书的其他章节对本节欲解读的指导意见中的相关内容多有涉及，故本节仅对其他章节中未涉及而又比较重要的内容进行解读，对于与本书内容没有关系或关系不大的条款，本书也不进行解读。

需要说明的是，在本书即将出版之际，最高人民法院发布了《关于依法妥善审理涉新冠肺炎疫情民事案件若干问题的指导意见（三）》，由于该文件主要规定的是涉外商事海事、运输合同的法律问题，与建筑企业的关联性较小，因此本书不再解读。

一、《指导意见（一）》解读

指导意见原文：

最高人民法院印发《关于依法妥善审理涉新冠肺炎
疫情民事案件若干问题的指导意见（一）》的通知

各省、自治区、直辖市高级人民法院，解放军军事法院，新疆维吾尔自治区高级人民法院生产建设兵团分院：

现将《最高人民法院关于依法妥善审理涉新冠肺炎疫情民事案件若干问题的指导意见（一）》印发给你们，请认真贯彻执行。

最高人民法院
2020 年 4 月 16 日

本指引解读：

《最高人民法院关于依法妥善审理涉新冠肺炎疫情民事案件若干问题的指导意见（一）》（以下解读均简称：指导意见）的性质为司法政策，而非司法解释。司法解释的形式包括"解释""规定""批复"和"决定"四种，并一律以"法释"文号发布公告，而本指导意见并无"法释"文号。

司法政策是指导全国法院开展审判工作的意见，其效力层级低于司法解释，不具有溯及力。司法解释在裁判文书中可以引用，而司法政策不能直接在裁判文书中引用。

指导意见原文：

最高人民法院关于依法妥善审理涉新冠肺炎疫情
民事案件若干问题的指导意见（一）

为贯彻落实党中央关于统筹推进新冠肺炎疫情防控和经济社会发展工作部署会议精神，依法妥善审理涉新冠肺炎疫情民事案件，维护人民群众合法权益，维护社会和经济秩序，维护社会公平正义，依照法律、司法解释相关规定，结合审判实践经验，提出如下指导意见。

一、充分发挥司法服务保障作用。各级人民法院要充分认识此次疫情对经济社会产生的重大影响，立足统筹推进疫情防控和经济社会发展工作大局，充分发挥司法调节社会关系的作用，积极参与诉源治理，坚持把非诉讼纠纷解决机制挺在前面，坚持调解优先，积极引导当事人协商和解、共担风险、共渡难关，切实把矛盾解决在萌芽状态、化解在基层。在涉疫情民事案件审理过程中，根据案件实际情况，准确适用法律，平衡各方利益，保护当事人合法权益，服务经济社会发展，实现法律效果与社会效果的统一。

本指引解读：

指导意见与本书的一贯主张是一致的，涉疫情事务，首先要协商解决，即便协商不能解决，到诉讼仲裁阶段，也应首先进行调解，确实无法调解的，也要考虑到合同双方一般来说均会受到疫情的不利影响，应该平衡各方利益作出裁判。

指导意见原文：

二、依法准确适用不可抗力规则。人民法院审理涉疫情民事案件，要准确适用不可抗力的具体规定，严格把握适用条件。对于受疫情或者疫情防控措施直接影响而产生的民事纠纷，符合不可抗力法定要件的，适用《中华人民共和国民法总则》第一百八十条、《中华人民共和国合同法》第一百一十七条和第一百一十八条等规定妥善处理；其他法律、行政法规另有规定的，依照其规定。当事人主张适用不可抗力部分或者全部免责的，应当就不可抗力直接导致民事义务部分或者全部不能履行的事实承担举证责任。

本指引解读：

本指导意见提出，对于受疫情或者疫情防控措施直接影响而产生的民事纠纷，符合不可抗力法定要件的，可按不可抗力规则处理。对此，我们理解，最高人民法院认为疫情和疫情防控政策两者均可构成不可抗力事件。

从学理上来看，构成不可抗力的情形大致包括自然灾害、社会事件、政府行为、传染病（含瘟疫）四种情况。当然，严格来说，传染病应属自然灾害类的事件，但其确与其他自然灾害有些区别，故单独作为一类也未尝不可。疫情防控政策属于政府行为，本次新冠疫情有些防控政策导致合同无法履行或履行艰难，这些政府防控政策构成不可抗力事件，当无争议。

但是，对于疫情是否应当纳入不可抗力事件的范畴，理论界及实务界存在着争议。对此，首先要分析什么是疫情，我们认为，此处的"情"应是指情况、情形、实情，疫情应是指疫病的发生、发展、蔓延等情况。关于疫情的外延，此处可能存在两个争议：其一，个人染病是否属于疫情之一部分，本书认为这是疫情的一部分，鉴于本书其他章节已经对此进行论述，此处不再论述；其二，疫病的蔓延对大众心理造成的影响及在该心理影响下行为模式的改变，是否属于疫情一部分？对此，目前尚未看到相关的深入探讨。本书认为对此有深入探讨的必要。

疫病的蔓延对大众心理造成的影响及在该心理影响下行为模式的改变，主要包括以下情形：一、大众恐慌心理。由于此次新冠病毒极强的传染性、传播途径的多样性、传播的广泛性、无症状感染情况的复杂性、较高的致死率、感染后对身体伤害的不确定性，以及没有疫苗、没有特效药的现状，导致大众对新冠病毒普遍存在恐慌心理。二、个人避险行为。在恐慌心理的影响之下，大众普遍倾向停止或减少增加感染病毒概率的行为，这些行为主要包括旅游、聚餐、聚会、看电影、看演出、开会、逛街、会面等。而这些行为，在以往正常的社会状态下，是大众普遍的、日常的、正常的行为。三、经营者观望态度和谨慎行为。由于疫情发展的不确定性、政府防控政策的不确定性，人们在很多事情上都更难于作出决策，尤其是在商业行为中难以快速有效地作出决策。举例来说，对于饭店经营者而言，由于疫情的影响，来饭店吃饭的人比正常情况下少很多，对于还没有恢复营业的饭店来说，虽然政府鼓励复产复工，但是由于难以准确判断未来疫情的走向，尤其是国外疫情的走势，也很难预测大众什么时候可以恢复到往常的那种经常到饭店聚餐的生活状态，所以，饭店很难决策是否恢复营业。对于租期届满的饭店，也很难决策是否续租。相应地，饭店原来的员工也很难判断是否在家等待饭店的开业，还是另谋职业。因此，对于经营者来说，相对于正常时期的社会状态，普遍存在着观望的态度，在采取相应的行为，尤其是商业行为时更加谨慎。

本书认为，疫病的蔓延对大众心理造成的影响及在该心理影响下行为模式的改变属于此次新冠疫情一部分，其构成新冠疫情这一不可抗力事件的一部分。原因在于：其一，大众心理及行为模式是社会事件之一部分，是一种客观的事实状态，大众心理及行为模式在正常社会状态下有着可以预期的秩序，这种秩序是整个社会秩序的有机组成部分。新冠疫情除了对病人的身体产生的影响之外，最重要的是影响了社会秩序，严重破坏了正常的社会秩序，而大众心理及行为模式作为社会秩序的部分，受到的冲击最大。其二，大众心理及行为模式在此次新冠疫情中所受到的冲击是无法预见的，也不是个别人、个别单位所能克服和避免的。此次新冠病毒的蔓延无法预见，其所造成的对大众心理及行为模式的影响当然也就无法预见。既然是"大众"的心理和行为模式，当然也就不是个别人、个别单位所能改变的，更无法克服和避免其所对整个社会生活和秩序造成的影响。

把疫病的蔓延对大众心理造成的影响及在该心理影响下行为模式的改变作为疫情这一不可抗力事件一部分，具有重要的现实意见。本书将在下一条款解读中予以论述。

指导意见原文：

三、依法妥善审理合同纠纷案件。受疫情或者疫情防控措施直接影响而产生的合同纠纷案件，除当事人另有约定外，在适用法律时，应当综合考量疫情对不同地区、不同行业、不同案件的影响，准确把握疫情或者疫情防控措施与合同不能履行之间的因果关系和原因力大小，按照以下规则处理：

（一）疫情或者疫情防控措施直接导致合同不能履行的，依法适用不可抗力的规定，根据疫情或者疫情防控措施的影响程度部分或者全部免除责任。当事人对于合同不能履行或者损失扩大有可归责事由的，应当依法承担相应责任。因疫情或者疫情防控措施不能履行合同义务，当事人主张其尽到及时通知义务的，应当承担相应举证责任。

（二）疫情或者疫情防控措施仅导致合同履行困难的，当事人可以重新协商；能够继续履行的，人民法院应当切实加强调解工作，积极引导当事人继续履行。当事人以合同履行困难为由请求解除合同的，人民法院不予支持。继续履行合同对于一方当事人明显不公平，其请求变更合同履行期限、履行方式、价款数额等的，人民法院应当结合案件实际情况决定是否予以支持。合同依法变更后，当事人仍然主张部分或者全部免除责任的，人民法院不予支持。因疫情或者疫情防控措施导致合同目的不能实现，当事人请求解除合同的，人民法院应予支持。

（三）当事人存在因疫情或者疫情防控措施得到政府部门补贴资助、税费减免或者他人资助、债务减免等情形的，人民法院可以作为认定合同能否继续履行等案件事实的参考因素。

本指引解读：

指导意见虽然没有使用情势变更一词，但是，本条的第二项实际说的就是情势变更规则。

如本书上一条解读所述，疫病的蔓延对大众心理造成的影响及在该心理影响下行为模式的改变属于疫情这一不可抗力事件一部分。在政府积极推动复工复产的情况下，或者，在更早一些时候，政府虽未积极推动复工复产，但也没有禁止复工复产的情况下，如果相关的个人或企业中的职工并未发生感染病毒的情况，也没有发生因为其他情况被隔离的情况下，是不影响其行为自由的，更不影响其履行合同。

以北京的工程项目的承包人为例，在2月9日后，承包人的主要项目管理人员在没有发生感染病毒的情况下，如果其想要复工的话，是完全可以、也是能够复工的。换句话说，如果仅疫情防控政策构成不可抗力事件，或是疫情仅指病毒的感染和蔓延本身，那么，对于一般的北京工程项目，在2月9日后，这次新冠疫情并没有对承包人的开复工和施工产生影响，承包人不得以此为由主张顺延工期，更不得主张增加相应的停工费用、涨价费用等。但是，实际上绝大部分的北京项目都没有能在2月9日后开复工，甚至大部分项目在3月15日冬施期过后也没能开复工。如按此理解，则大部分建筑企业都将要承担相应的工期违约责任，其他地区的情况也类似。

如果让全国大部分建筑企业都承担相应的工期违约责任，显然是不合理，也不公平的。因此，实有必要将疫病的蔓延对大众心理造成的影响及在该心理影响下行为模式的改变作为新冠疫情这一不可抗力事件的组成部分。正如上述第二条的解读中所述的，大众观望心理、个人避险行为、经营者观望态度和谨慎行为这三者导致了绝大多数的建筑企业并未在政府允许开复工的情况下开复工。大众观望心理和个人避险行为，使得建筑企业难以在短期内组织足够的管理人员和劳务人员进行施工，经营者观望态度和谨慎行为使得建筑企业也难以下决心开复工，更难以从其他企业获得必要的建筑材料和设备。这些情况使得大多数建筑企业在疫情的早期阶段无法开复工，也即构成了一时履行不能，使得在疫情的中期阶段开复工和施工受到一定的影响，使得工程承包合同履行艰难。

因此，应该客观地根据包括大众观望心理、个人避险行为、经营者观望态度和谨慎行为这三者在内的疫情对工程承包合同的实际影响，来判断是否可根据不可抗力规则或情势变更规则来免除建筑企业的工期延期责任或变更合同关于工期、价款的约定。

指导意见原文：

四、依法处理劳动争议案件。加强与政府及有关部门的协调，支持用人单位在疫情防控期间依法依规采用灵活工作方式。审理涉疫情劳动争议案件时，要准确适用《中华人民共和国劳动法》第二十六条、《中华人民共和国劳动合同法》第四十条等规定。用人单位仅以劳动者是新冠肺炎确诊患者、疑似新冠肺炎患者、无症状感染者、被依法隔离人员或者劳动者来自疫情相对严重的地区为由主张解除劳动关系的，人民法院不予支持。就相关劳动争议案件的处理，应当正确理解和参照适用国务院有关行政主管部门以及省级人民政府等制定的在疫情防控期间妥善处理劳动关系的政策文件。

五、依法适用惩罚性赔偿。经营者在经营口罩、护目镜、防护服、消毒液等防疫物品以及食品、药品时，存在《中华人民共和国消费者权益保护法》第五十五条、《中华人民共和国食品安全法》第一百四十八条第二款、《中华人民共和国药品管理法》第一百四十四条第三款、《最高人民法院关于审理食品药品纠纷案件适用法律若干问题的规定》第十五条规定情形，消费者主张依法适用惩罚性赔偿的，人民法院应予支持。

六、依法中止诉讼时效。在诉讼时效期间的最后六个月内，因疫情或者疫情防控措施不能行使请求权，权利人依据《中华人民共和国民法总则》第一百九十四条第一款第一项规定主张诉讼时效中止的，人民法院应予支持。

七、依法顺延诉讼期间。因疫情或者疫情防控措施耽误法律规定或者人民法院指定的诉讼期限，当事人根据《中华人民共和国民事诉讼法》第八十三条规定申请顺延期限的，人民法院应当根据疫情形势以及当事人提供的证据情况综合考虑是否准许，依法保护当事人诉讼权利。当事人系新冠肺炎确诊患者、疑似新冠肺炎患者、无症状感染者以及相关密切接触者，在被依法隔离期间诉讼期限届满，根据该条规定申请顺延期限的，人民法院应予准许。

八、加大司法救助力度。对于受疫情影响经济上确有困难的当事人申请免交、减交或者缓交诉讼费用的，人民法院应当依法审查并及时作出相应决定。对于确实需要进行司法救助的诉讼参加人，要依据其申请，及时采取救助措施。

九、灵活采取保全措施。对于受疫情影响陷入困境的企业特别是中小微企业、个体工商户，可以采取灵活的诉讼财产保全措施或者财产保全担保方式，切实减轻企业负担，助力企业复工复产。

十、切实保障法律适用统一。各级人民法院要加强涉疫情民事案件审判工作的指导和监督，充分发挥专业法官会议、审判委员会的作用，涉及重大、疑难、复杂案件的法律适用问题，应当及时提交审判委员会讨论决定。上级人民法院应当通过发布典型案例等方式加强对下级人民法院的指导，确保裁判标准统一。

二、《指导意见（二）》解读

由于《最高人民法院关于依法妥善审理涉新冠肺炎疫情民事案件若干问题的指导意见（二）》内容较多，并且大多数内容与建筑企业关系不大，因此仅摘录部分内容：

指导意见原文：

1. 疫情或者疫情防控措施导致当事人不能按照约定的期限履行买卖合同或者履行成本增加，继续履行不影响合同目的实现，当事人请求解除合同的，人民法院不予支持。

疫情或者疫情防控措施导致出卖人不能按照约定的期限完成订单或者交付货物，继续履行不能实现买受人的合同目的，买受人请求解除合同，返还已经支付的预付款或者定金的，人民法院应予支持；买受人请求出卖人承担违约责任的，人民法院不予支持。

本书解读：

买卖合同亦为建筑企业需要频繁签订的合同类型之一，通常情况下，买卖的商品均为种类物，而非特定物，因此即便新冠疫情通常不会导致出卖人完全无法继续交货，一般不会导致合同目的不能实现。

对于买受人为特定目的买卖商品，并且买卖商品的目的与交货时间存在较大联系，迟延交货会导致合同目的不能实现的，例如购买生日蛋糕但生日当天因疫情防控措施无法送货，购买情人节礼物但情人节当天因疫情防控措施无法送货的，在这些情况下，买受人可以单方解除合同。

指导意见原文：

2. 买卖合同能够继续履行，但疫情或者疫情防控措施导致人工、原材料、物流等履约成本显著增加，或者导致产品大幅降价，继续履行合同对一方当事人明显不公平，受不利影响的当事人请求调整价款的，人民法院应当结合案件的实际情况，根据公平原则调整价款。疫情或者疫情防控措施导致出卖人不能按照约定的期限交货，或者导致买受人不能按照约定的期限付款，当事人请求变更履行期限的，人民法院应当结合案件的实际情况，根据公平原则变更履行期限。

已经通过调整价款、变更履行期限等方式变更合同，当事人请求对方承担违约责任的，人民法院不予支持。

本书解读：

该条文即情势变更规则的适用。买卖合同一方当事人因疫情影响继续按照合同约定履行对其明显不公平的，该方当事人可请求人民法院按照公平原则调整合同约定。

指导意见原文：

7. 疫情或者疫情防控措施导致承包方未能按照约定的工期完成施工，发包方请求承包方承担违约责任的，人民法院不予支持；承包方请求延长工期的，人民法院应当视疫情或者疫情防控措施对合同履行的影响程度酌情予以支持。

疫情或者疫情防控措施导致人工、建材等成本大幅上涨，或者使承包方遭受人工费、设备租赁费等损失，继续履行合同对承包方明显不公平，承包方请求调整价款的，人民法院应当结合案件的实际情况，根据公平原则进行调整。

本书解读：

该条第一句话是对施工合同中，受疫情或疫情防控措施影响产生的工期索赔与反索赔如何处理的问题，与本书其他章节中的观点相同。

该条第二句话明确施工合同中，因疫情导致人材机价格大幅上涨的，承包方可请求人民法院适用情势变更规则、公平原则对合同价款进行调整。通常情况下，在合同约定固定价格且任何风险发生的情况下均不调价的，应当按照合同约定的固定价格进行结算，并且在建设工程施工合同纠纷案件中，情势变更规则、公平原则适用在工程价款调整的情形很少，人民法院对此较为慎重，一般不会因上述这两个理由调整工程价款。本次最高人民法院以指导意见的形式对疫情期间人材机价格的上涨可以以公平原则进行调价予以确认，可以预见在今后审理的因疫情原因产生的建设工程施工合同纠纷案件中，人民法院在适用情势变更规则、公平原则调整合同价款时更有信心。同时，该意见也可作为建筑企业在与发包人进行谈判，要求调整工程价款时的依据。

第二节　省级法院司法指导文件概述

新冠疫情发生以来，各地各级政府主管部门纷纷出台相关的疫情防控文件或其他相关的指导文件，亦有相当多的省高院一级法院、甚至中级人民法院出台了很多关于新冠疫情案件审理的指导意见。对于这些指导意见，往往以"意见""通知""会议纪要"等形式出现。由于司法解释只有最高人民法院才能作出，省一级高级人民法院无权作出司法解释，且司法解释的形式包括"解释""规定""批复""决定"四种，不包括会议纪要、通知等形式。因此，各个省级高院出台的指导意见在性质上应为司法政策，且该等司法政策只在本省或直辖市、自治区的范围内具有指导意义。

这些司法政策对审判工作具有重要指导和规范作用，但不是办案中强制适用的规范，在裁判文书中不能直接引用。并且，这些司法政策不能与法律、司法解释抵触，如发生抵触，则不能用以指导和规范案件审判。

截至本书完稿之日，我们认真查阅了各地法院出台的，为应对此次新冠疫情制订的司法政策，大部分司法政策文件都对不可抗力与情势变更作了区分，分别规定了不同的适用情形。这些司法政策文件具有重要的意义，我们预计，未来因为此次疫情影响而产生的工程纠纷案件将会比较多，而处理这些案件时，考虑我们国家在情势变更、不可抗力等规则方面的规定并不完善，因此大部分案件都要涉及运用这些司法政府文件进行处理的情况。

根据我们的不完全统计，截至本书完稿之日已经制订的应对新冠疫情的省一级司法指导政策有如附件所录（仅收录涉及民商事案件审理的指导政策，排名不分先后，具体原文见附件）。

第三节　省级司法指导意见解读
——以四川省高级人民法院民事审判第一庭《关于涉新冠肺炎疫情
相关民事案件审理的法官会议纪要》为例

截至本书完稿之日，就此次新冠疫情对案件审理之影响阐述得最详细的省级司法指导意见当属四川省高级人民法院民事审判第一庭《关于涉新冠肺炎疫情相关民事案件审理的法官会议纪要》。因此，我们以该会议纪要为例进行解读。

《关于涉新冠肺炎疫情相关民事案件审理的法官会议纪要》主要从以下几方面对涉新冠疫情的案件，尤其是建设工程案件进行规范。

一、不可抗力、情势变更的分别适用及其区别

（一）关于不可抗力的问题

《关于涉新冠肺炎疫情相关民事案件审理的法官会议纪要》规定如下。

2020年2月10日，全国人大常委会法制工作委员会发言人在发言中指出：当前我国发生的疫情这一突发公共卫生事件，政府采取了相应的防控措施，如延期复工、复工备案、人员隔离、交通管制等措施。对于因此不能履行合同的，属法律规定的不可抗力事件。

在依据《民法总则》第一百八十条和《合同法》第九十四条、一百一十七条的规定处理不可抗力免责案件时，应当注意以下几个问题：

1. 当事人主张不可抗力免责，符合以下条件的，可以认定其主张成立：（1）当事人在订立合同时没有预见也不能预见到疫情发生和疫情防控措施实施，并且未在合同中作出预先安排；（2）当事人所在地或合同履行地政府采取了疫情防控措施，当事人及其履行行为属于疫情防控措施涉及、影响的对象；（3）疫情防控措施发生在合同订立后、合同履行完毕前；（4）当事人不当履行合同与疫情发生及疫情防控措施实施具有因果关系；（5）导致当事人不当履行合同的事由不能避免、不能克服。

2. 当事人主张不可抗力免责，具有下列情形的，不予支持：（1）当事人在订立合同时已经知道或者应当知道疫情发生或者疫情防控措施实施的；（2）当事人不当履行合同与疫情发生及疫情防控措施不具因果关系；（3）当

事人不当履行合同虽与疫情发生及疫情防控措施实施有关，但并非不能避免、不能克服。

3. 当事人主张不可抗力免责，应当根据"谁主张、谁举证"的原则，就其受到不可抗力的影响、不可抗力对其不当履行合同具有因果关系承担举证责任。

4. 在援用不可抗力免除或部分免除当事人违约责任时，应当注意以下问题：

（1）根据"原因与责任相比例"的原则，不可抗力作为合同违约的免责事由，仅在其影响所及的范围内不发生责任。不可抗力只对合同部分义务的履行产生影响的，仅得免除违反该部分义务的违约责任，不得免除违反其他合同义务的违约责任；不可抗力仅导致合同一时不能履行的，仅得免除不可抗力影响期间的迟延履行义务，不得免除不可抗力事由消除后的迟延履行义务，更不得免除继续履行合同的义务；当事人损失系由不可抗力与债务人原因共同形成，主张当事人仅得根据不可抗力的原因力大小免除其相应责任；当事人在疫情及疫情防控措施发生前已经存在迟延履行合同义务情形的，应当按照《合同法》第一百一十七条关于"当事人在迟延履行后发生不可抗力并主张不可抗力免责的，人民法院不予支持"的规定处理。

（2）当事人一方以合同存在《合同法》第九十四条第一项情形要求解除合同的，应当根据《合同法》第九十四条第一项的规定，结合合同种类、性质、预期利益、履行情况、疫情及疫情防控措施妨碍合同履行程度等，综合判断合同是否应当解除。当事人主张符合上述法律规定的，应当判决解除合同，主张解除一方当事人不承担合同解除的违约责任。

（3）不可抗力系法定免责事由，除法律另有规定的外，当事人关于不可抗力不予免责的约定应属无效，但当事人可就不可抗力发生后的损失分担进行约定。不可抗力发生后，合同就损失分担有明确约定的，一般按照合同约定处理；合同没有约定的，要推动当事人进行积极协商；协商不能时，依据公平原则、诚实信用原则和权利义务相一致原则在当事人之间进行合理分配。

（4）当事人一方因不可抗力不能履行合同的，应当根据《合同法》第一百一十八条的规定及时通知对方，以减轻可能给对方造成的损失，并应当在合理期限内提供证明。当事人一方未能及时通知导致对方当事人损失的，应当承担相应的赔偿责任；当事人一方履行了及时通知义务，相对方未能及时采取措施导致损失扩大的，由相对方就其扩大的损失自行承担责任。

本指引解读如下：

1. 并不是所有工程项目的承包人都可以此次疫情为由要求免除迟延履行的责任，如迟延开工、迟延复工、工期延误、逾期竣工等违约责任，需要符合该会议纪要的五项条件方可主张免责；

2. 发生疫情后，新签订的建设工程施工合同，由于签订合同时疫情这一客观基础已经存在，当事人已经能预见，因此不能以此为由免责；

3. 每一个工程项目，每一个承包人是否能主张不可抗力规则免责，需要看该疫情是否对该项目及该承包人施工产生影响，如果没有影响，则不能主张；如果只有部分影响，则只能部分主张；如果只影响一时，只能免除一时的责任；

4. 无论是建筑企业，还是发包人，都不得随意依据此次疫情要求解除合同，除非达到了合同约定的解除条件，或导致不能实现合同目的；

5. 建筑企业要想免除责任，还需要履行通知义务，并且需要提供相关其履行受到影响的证据，否则要承担不利法律后果；

6. 会议纪要规定，当事人在疫情及疫情防控措施发生前已经存在迟延履行合同义务情形的，应当按照《合同法》第一百一十七条关于"当事人在迟延履行后发生不可抗力并主张不可抗力免责的，人民法院不予支持"的规定处理。但是，对于虽然发生了疫情发生前的迟延履行合同情况，但是此前的迟延不严重，或是虽发生严重迟延，但是按原进度计划，工程仍然要在疫情发生期间进行施工的，这些情况如何处理，没有规定。本指引认为，这些情况下不能一概不予免除责任，要具体情况具体分析。

（二）关于情势变更的有关问题

《关于涉新冠肺炎疫情相关民事案件审理的法官会议纪要》规定如下：

会议讨论认为，在疫情防控期间以及疫情结束后、社会经济秩序完全恢复前，可能出现人工工资、资金、生产资料、物流价格的非常态上涨，可能出现物流效率较低及供应链不畅，上述因素可能影响当事人履行合同的成本、收益并使当事人之间利益失衡。当事人为此援引情势变更原则请求变更或解除合同的，人民法院在处理时应当注意以下问题：

1. 审查情势变更案件，应当依照《最高人民法院关于适用〈中华人民共和国合同法〉若干问题的解释（二）》（以下简称《合同法司法解释二》）第二十六条的规定，参照《最高人民法院关于当前形势下审理民商事合同纠纷案件若干问题的指导意见》的精神，按照最高人民法院《关于正确适用〈中华人民共和国合同法〉若干问题的解释（二）服务党和国家工作大局的通知》（法〔2009〕165号）的要求，正确认识和处理合同严守与合同正义的关系，严格把握，审慎认定，避免当事人以情势变更为由获取不当利益，避免情势变更被滥用损害交易秩序和交易安全。

2. 审查判断情势变更成立，应当符合以下条件：第一，合同赖以成立的基础条件发生了不属于商业风险的重大变化；第二，该基础条件的重大变化为当事人在订立合同时所不能预见且不可归责于当事人；第三，该基础条件的重大变化发生在合同成立之后、合同履行完毕之前；第四，基于该基础条件的重大变化，按照一般理性人的判断继续维持和履行合同会对一方当事人明显不公平。

3. 审查和适用情势变更，应当注意正确区分情势变更和商业风险，排除商业风险情形。商业风险属于从事商业活动的固有风险，诸如尚未达到异常变动程度的供求关系变化、价格涨跌等。情势变更是当事人在缔约时无法预见的非市场系统固有的风险。在判断疫情引发的某特定情形是否属于情势变更时，应当注意审查该特定情形的风险程度是否远远超出正常人的合理预期、交易性质是否属于通常的"高风险高收益"范围等因素，结合合同安排、合同基础条件的变化、合同基础条件的变化对当事人的影响、影响程度等，在个案中进行识别。

4. 审查情势变更案件，人民法院只能依照当事人请求进行，不能依职权径行认定。在审判过程中，遇有情势变更情形的，要积极引导当事人对合同进行重新协商改订。在援用情势变更原则判决变更合同、解除并清结合同时，应当根据公平和诚实信用原则，结合合同整体交易结构、当事人具体权利义务安排、当事人履行合同情况、过错程度、预期利益等，本着权利与义务相一致、侧重于保护守约方的原则，公平合理地调整双方利益关系。对决定援用情势变更原则作出裁判的，应当依照法〔2009〕165号文件的要求，层报省法院审核，必要时由省法院报请最高人民法院审核。

本指引解读如下：

1. 该高院对情势变更原则的适用仍持相当谨慎态度，要求适用时仍应按照最高院的规定，层报省高院审核决定，必要时由省法院报请最高人民法院审核。由于此次新冠疫情的影响相当广泛，可以预见，未来将出来大量的案件，而这些案件中的相当比例需要适用情势变更规则来处理，如果仍一概要求报省高院审核，则司法效率将会大大降低，基层法院亦可能因此放弃本应该适用的情势变更规则，使得该制度的效果大打折扣。

2. 情势变更更多的适用场合，应该发生在疫情过后，人材机价格大幅上涨的情况下，对合同价款进行调整的时候，在援用情势变更原则判决变更合同、解除并清结合同时，应当根据公平和诚实信用原则，结合合同整体交易结构、当事人具体权利义务安排、当事人履行合同情况、过错程度、预期利益等，本着权利与义务相一致、侧重于保护守约方的原则，公平合理地调整双方利益关系。

（三）应当注意区分不可抗力与情事变更的适用场景及具体功能

《关于涉新冠肺炎疫情相关民事案件审理的法官会议纪要》规定如下：

1. 两者适用场域不同。不可抗力既可适用于合同纠纷案件，又可适用于侵权纠纷案件；情势变更则只能适用于合同纠纷案件。

2. 适用情形不同。不可抗力既可适用于合同不当履行的免责情形，又可适用于因不可抗力不能实现合同目的时的合同解除情形；情势变更则仅适用于因情势变更导致双方利益显著失衡时的合同变更或者解除情形。

3. 法律功能不同。不可抗力系法定免责事由，以免除当事人不当履行合同的违约责任为目的；情势变更非法定免责事由，以平衡当事人利益为目的。

本指引解读如下：

1. 对于建设工程施工合同来说，不可抗力规则适用于合同不能履行的场合，而情势变更适用于导致双方利益显著失衡时的场合，也即建筑企业履行艰难，最主要的表现就是人材机价格上涨过多。

2. 对于建筑企业来说，我们认为，以下情况属于新冠疫情致建筑企业无法进行施工的场合，应适用不可抗力规则处理：

（1）政府通知不得开复工，或建议不得开复工的时间段。

北京规定，全市房屋建筑和市政基础设施项目不早于2月9日（正月十六）24时复工或新开工，各个地方也都有类似规定。如某些项目按原计划，在此日期前要复工的，此时则属于不能履行的情形。在政府允许开复工后，北京等很多地方又规定，不具备封闭式集中管理的工程项目不得复工或开工建设。符合此种情况亦构成不能履行的情形。

在有些地方，政府并未明确一定不能开复工，而是使用了建议不开复工的表述。对于这样的表述，虽不构成禁止施工而导致的履行不能，但考虑到疫情的严重影响，不宜对建筑企业过分苛求，而应认定此种情形属于履行不能。

（2）按政府规定虽可开复工，但建筑企业因人员、材料供应、进场道路、现场条件等开复工必备条件受新冠疫情影响无法具备的情形。

考虑到整个经济形势面临的困境，国家对于疫情不太严重的地方，已经在采取很多措施要求复工，甚至有些地方对于复工还有奖励。此时，以政府规定来说明构成不可抗力，不具有说服力。但是，对于某些类型的工程项目、某些特定地区、某个特定企业的项目，如因为疫情影响，确实无法进行施工的，亦应按不可抗力条款处理。这里面可能包括但不限于如下情形：需要特定的设备材料进行施工，而这些设备材料的供应不能，如需要从海外进口，而该海外因疫情影响采取了某些限制致使无法向中国出口；建筑企业的全部或大部分管理人员，或项目经理部的全部或主要管理人员因染病被隔离或限制出行；工地或工地邻近区域发生疫情，整个区域被隔离的；进出工地的主要道路因疫情封锁；现场开工需要具备的水电等条件因疫情影响无法具备。

（3）已开复工，但因工地发生疫情导致封闭或隔离而停工的情形。

有些项目开复工后，因为发生疫情而被要求停工或整体隔离，或虽未强制要求停工或整体隔离，但事实上已经无法继续进行施工的，亦按不可抗力情形处理。

3. 对于建筑企业来说，我们认为，以下情况属于新冠疫情致建筑企业履行艰难的场合，应适用情势变更规则处理：

（1）劳务工人不能及时全面到位。

虽然很多地方都在采取措施吸引建筑工人早日回到工地，但是由于疫情的影响并未全部消除，很多建筑工人仍在犹豫观望，有些地方对于人员流动仍有非常多的限制，农民因为办理不了相关证件或是被本村疫情防控组织阻止外出的情况比较普遍存在。这些情况均导致建筑工人很难在短时间内全面到位。

（2）材料设备供应不足。

受疫情影响，很多建筑材料设备供应工厂开工不足，相应的经销流通系统也受到影响。在开工工地不多的情况下，这些影响还不明显，一旦各个工地全面开工，材料设备供应不足的情况将可能突显出来，这无疑对工程的施工造成工期延误、停工待料等不利影响和损失。

（3）人材机价格涨价。

劳务工人紧缺、材料设备供应不足的一个恶果就是相应价格的上涨，虽然政府相关部门正大力解决这些问题，也在采取严控恶意涨价的措施。但是，从目前的情况看，不排除人材机价格比较大幅度上涨的可能。这将造成建筑企业的施工成本大为增加。

（4）防疫措施增加费用，降低工效。

为了防控疫情之需要，各个地方政府纷纷出台工地疫情防控的规定。如要求工人戴口罩、手套，定期测量体温、消毒、设立隔离区、减少房间居住人数、增设防控专职人员和卫生员、增派专用运输车辆等很多措施。除此之外，有些地方规定，外地建筑工人到工地后必须隔离 14 天，而这 14 天期间不能进行工作，但是工资肯定是要照发的。还有，施工过程中，发热、咳嗽等人员隔离费用及隔离期间的工资。以上防控措施，必将增加建筑企业的成本，相应的措施也将一定程度降低工人的工效，间接增加了成本，延误了工期。

（5）各方交流障碍导致问题和矛盾得不到及时解决。

工程的顺利施工，除了取决于建筑企业的经验和组织之外，也受制于参建各方的顺利沟通和交流，这些参与方主要包括建设单位、设计单位、监理单位、分包单位等。为了防止病毒的传播，参与各方开会的次数和效率必然降低，有些问题和矛盾的沟通和交流将受到一定影响，一些制约施工的设计、现场、检测、计量、认价等问题可能无法得到及时的解决和确认，这都会影响施工的顺利进行。

二、关于涉疫情建设工程案件审理的有关问题

《关于涉新冠肺炎疫情相关民事案件审理的法官会议纪要》规定如下：

1. 关于当事人主张不可抗力的处理

实务中，建设工程合同当事人往往采用《建设工程施工合同（示范文本）》签订合同，示范合同文本对不可抗力的确认、通知、后果的承担、因不可抗

力解除合同等均作出了明确约定，特别是对不可抗力导致的人员伤亡、财产损失、费用增加和工期延误等后果，均明确了处理原则。在审理中，遇有不可抗力情形的，由此造成的工期延误及损失、费用增加，包括停工损失、材料设备人工价格上涨等，合同有约定的严格按照合同分配当事人权利义务；合同没有约定的，则可参照《建设工程工程量清单计价规范》GB 50500—2013中第9.10条不可抗力规定的原则及公平原则，由发承包双方分别承担。

2. 关于承包人主张顺延工期的问题

工程项目因应对疫情及因疫情防控停工，承包人主张顺延工期的，应予支持。顺延的工期一般应当确定为政府在启动公共卫生事件一级响应后发布关于停工停产之日起至政府批准复工之日或政府复工限制措施取消之日止。承包人主张因疫情劳动者返程迟延导致工期延误并主张顺延工期的，承包人应当就其主张举证，事由成立的，应予支持；事由不成立的，应予驳回。双方对工期顺延存在争议的，应当依照《最高人民法院关于审理建设工程施工合同纠纷案件适用法律若干问题的解释（二）》第六条的规定予以处理。

3. 关于承包人主张价款调整的问题

按照疫情防控要求，针对合同工程涉及的文明施工、施工现场环境、卫生标准增加的费用，当事人有约定的按约定；无约定且协商不能时，上述因疫情防控新增加的费用，根据安全文明施工费由发包方承担的合同惯例，参照示范合同文本载明的"承包人经发包人同意采取合同约定以外的安全措施所产生的费用，由发包人承担"约定处理。对于承包人主张的应发包人要求赶工所增加的费用，当事人有约定的按约定，无约定的，由发包人承担。对于承包人主张的人工设备、原材料等价格大幅波动增加的费用，当事人有约定的按约定，无约定的，根据当事人的申请，按照或参照情势变更的相关处理原则进行妥善处理。

4. 关于建设工程违约金调整的问题

疫情防控背景下，判断约定违约金是否过高，一般应当以《合同法》第一百一十三条规定的损失为基础，考量疫情因素对合同不当履行是否构成影响及影响程度，兼顾合同履行情况、当事人过错程度以及预期利益等因素综合确定，并由主张违约金过高的违约方就违约金是否过高承担举证责任，避免其以疫情防控为名规避责任或者获取不当利益。需要注意的是，建设工程价款作为建设施工的对价之债，并非借款合同项下的还款义务，不能简单以受法律保护的民间借贷利率上限作为判断违约金是否过高的标准，要针对个案进行具体分析和判断。

本指引解读如下：

1. 对于不可抗力的通知、损失分担等问题，首先要按合同约定处理，如合同没有约定的，则可参照《建设工程工程量清单计价规范》GB 50500—2013中第9.10条不可抗力规定的原则及公平原则，由发承包双方分别承担。我们注意到，该会议纪要认为合同没有约定的情况下，参照清单计价规范，而不是住房和城乡建设部的《示范文本》来处理，这可能会产生一定的争议。

我们认为，首先，《建设工程工程量清单计价规范》虽然是国家标准，但是关于不可抗力的相关条款并非强制性标准，没有强制适用力。

其次，《建设工程工程量清单计价规范》及《示范文本》均为住房和城乡建设部所制订和发布，应该以时间在后的，即2017版《示范文本》为准进行解释。

再次，根据《合同法司法解释二》第七条之规定："下列情形，不违反法律、行政法规强制性规定的，人民法院可以认定为《合同法》所称"交易习惯"：

（1）在交易行为当地或者某一领域、某一行业通常采用并为交易对方订立合同时所知道或者应当知道的做法；

（2）当事人双方经常使用的习惯做法。

对于交易习惯，由提出主张的一方当事人承担举证责任。"

作为示范文本，应该是国内工程领域交易双方所知道或应当知道的文本，我们认为符合交易习惯的界定标准，当然，这一观点司法实践中存在较大争议，此处不赘述。在合同无约定的情况下，应该以交易习惯来界定双方当事人间的权利关系。

最后，《建设工程工程量清单计价规范》第9.10.1条规定："因不可抗力事件导致的人员伤亡、财产损失及其费用增加，发承包双方应按下列原则分别承担并调整合同价款和工期：……3.承包人的施工机械设备损坏及停工损失，应由承包人承担；4.停工期间承包人应发包人要求留在施工现场的必要的管理人员及保卫人员的费用应由发包人承担……"而按照2017版《示范文本》的规定："停工期间由此导致承包人停工的费用损失由发包人和承包人合理分担，停工期间必须支付的工人工资由发包人承担。"我们发现，按照清单规范，停工期间的损失将由承包人承担，而按《示范文本》应由双方分担。我们认为，由双方分担更符合公平原则和诚实信用原则。

2. 会议纪要规定，顺延的工期一般应当确定为政府在启动公共卫生事件一级响应后发布关于停工停产之日起至政府批准复工之日或政府复工限制措施取消之日止。但是，实际上，从目前的情况看，各地政府，除了湖北等特殊地区外，并没有特别明确的要求停工或不得开复工，即便有的地方作出了要求，限制的时间也非常短，实际上，此种时间限制本身就在承包人计划春节停工的范围内。因此，如纯按政府的开复工限制时间来衡量，则基本大部分项目都无法获得相应的工期顺延，但这显然不符合社会现实。因此，我们认为，建筑企业更应该个案分析，从其本身开复工或施工受影响的角度来要求顺延工期，这有赖于承包人对证据的收集。

3. 会议纪要规定，双方对工期顺延存在争议的，应当依照《最高人民法院关于审理建设工程施工合同纠纷案件适用法律若干问题的解释（二）》第六条的规定予以处理。其规定："当事人约定顺延工期应当经发包人或者监理人签证等方式确认，承包人虽未取得工期顺延的确认，但能够证明在合同约定的期限内向发包人或者监理人申请过工期顺延且顺延事由符合合同约定，承包人以此为由主张工期顺延的，人民法院应予支持。

当事人约定承包人未在约定期限内提出工期顺延申请视为工期不顺延的，按照约定处理，但发包人在约定期限后同意工期顺延或者承包人提出合理抗辩的除外。"根据该规定，建筑企业应该及时向发包人要求顺延工期，及时取得相应的签证，最起码应该向发包人发出主张相关工期顺延的通知等文件，或者是在相关的会议纪要中提及此事。

4. 会议纪要将因疫情防控新增加的费用，界定为安全文明施工费，并认为，根据安全文明施工费由发包方承担的合同惯例，参照示范合同文本载明的"承包人经发包人同意采取合同约定以外的安全措施所产生的费用，由发包人承担"的约定，应由发包人承担。考虑到住房和城乡建设部以及诸多的其他地方住房和城乡建设主管部门都有此类似规定，以及部分法院也有明确意见，因此，一般来说，疫情防控费用均应由发包人承担，只是其费用标准可能存在争议，建筑企业应做好费用发生的同期记录，避免发生争议。

5. 会议纪要规定，对于承包人主张的应发包人要求赶工所增加的费用，当事人有约定的按约定，无约定的，由发包人承担。该会议纪要并未规定因为赶工导致工期缩短，而使建筑企业产生的管理费用可能产生减少的处理，从对承包人进行激励，以及承包人有些费用或工效受赶工影响，但是客观上不好统计、无法计算、无法考虑的角度分析，从公平原则来讲，不宜扣减承包人因减少管理费用而产生的利润。

第四节　住房和城乡建设主管部门文件解读
——以北京市住房和城乡建设委《关于受新冠肺炎疫情影响工程造价和工期调整的指导意见》为例

根据北京市住房和城乡建设委 2020 年 3 月 6 日下发的《关于受新冠肺炎疫情影响工程造价和工期调整的指导意见》（京建发［2020］55 号，简称"55 号文"）的规定，我们总结北京市工程的工期、价款等问题的处理方式如下。

一、工期问题

（一）自本市决定启动重大突发公共卫生事件一级响应之日（注：即 1 月 24 日）至《北京市住房和城乡建设委员会关于施工现场新型冠状病毒感染的肺炎疫情防控工作的通知》（京建发［2020］13 号）第一条规定之日（注：即 2 月 9 日），工程开复工时间受疫情防控影响的实际停工期间为工期顺延时间。

（二）在《北京市住房和城乡建设委员会关于施工现场新型冠状病毒感染的肺炎疫情防控工作的通知》（京建发［2020］13 号）第一条规定之日后，受疫情防控影响的停工期间，发承包双方根据实际情况，友好协商确定工期顺延时间。

（三）国家和本市有关疫情防控规定导致施工降效的，发承包双方应当协商确定合理的顺延工期或顺延工期的原则。

北京市建设工程造价管理处在《关于新冠肺炎疫情防控期间复工工程进一步做好造价管理工作的指导意见（14 号）》中对工期问题做了进一步的解释，可供参考："实践中可能出现四种情形：一是原计划在 2 月 9 日前（含）开复工，实际也在 2 月 9 日前实现了开复工，但晚于原计划开复工时间；二是原计划在 2 月 9 日前（含）开复工，实际在 2 月 9 日（不含）后开复工；三是原计划在 2 月 9 日（不含）后开复工，实际也在 2 月 9 日（不含）后开复工；

四是原计划在 2 月 9 日（不含）后开复工，实际是在 2 月 9 日（含）前开复工。上述四种情形，前两者存在受疫情防控影响的停工期间，适用不可抗力；后两者则不适用不可抗力。第一种情形不可抗力适用期间为原计划开复工时间（系发承包双方在暂停施工前应确定的日期）至实际开复工时间；第二种情形不可抗力适用期间为原计划开复工时间至 2 月 9 日（含）。需要特别说明的是，根据《住房和城乡建设部办公厅关于加强新冠肺炎疫情防控有序推动企业开复工工作的通知》（建办市［2020］5 号）有关'疫情防控导致工期延误，属于合同约定的不可抗力情形'的规定，以下两种情形应当视同于受不可抗力事件影响的停工期间：一是上述第二种情形中，2 月 9 日（不含）后因疫情防控影响致使承包人无法按期开复工的；二是上述第三种情形中，因疫情防控影响致使承包人无法按期开复工的。"

二、停工损失

（一）1 月 24 日至 2 月 9 日之间，发承包双方应当按照合同有关不可抗力事件的约定，确定停工期间损失费用及其相应承担方式；合同对不可抗力事件没有约定或者约定不明的，发承包双方可参照《建设工程工程量清单计价规范》GB 50500—2013 第 9.10 条有关不可抗力的规定处理。

（二）2 月 9 日之后，可顺延工期的停工期间发生的承包人损失，由发承包双方协商分担，协商不成的，可参照《建设工程工程量清单计价规范》GB 50500—2013 第 9.10 条有关不可抗力的规定处理。

三、合同价款调整

1. 关于可调整的费用种类

下列费用计取税金后列入工程造价，据实调整合同价款：

（一）疫情防控措施费用。受疫情防控影响期间，根据国家和本市有关疫情防控规定增加的防疫物资、现场封闭隔离防护措施、隔离劳务人员工资、通勤车辆和其他相关投入等发生的费用，发承包双方应当按照实际发生情况办理同期记录并签证，作为结算依据。

（二）人工费。受疫情影响增加的劳务工人工资，由发承包双方根据建筑工人实名登记结果、市场人工工资和疫情影响期间完成的工程量确定。发承包双方应当本着实事求是的原则，办理同期记录并签证，作为结算价差的依据。

（三）材料和机械价格。受疫情影响造成材料（设备）、施工机械等价格异常波动的，由发承包双方根据实际材料（设备）、施工机械的市场价格确定相应的价差，发承包双方应当及时进行认价、办理同期记录并签证，作为结算价差的依据。

（四）施工降效增加成本。因疫情防控措施要求导致工人和机械设备施工降效增加的费用，由发承包双方根据实际情况协商确定；协商不能达成一致的，受疫情防控措施影响的人工和机械消耗量可按照我市现行预算定额人工和机械消耗量标准的5%调增，价格由发承包双方根据相关签证确定。

（五）其他费用。包括但不限于疫情防控增加现场管理人员投入、因顺延工期发生的其他额外费用等，由发承包双方办理同期记录并签证，据实核算。

2. 关于据实调整合同价款如何理解

就据实调整合同价款如何理解，北京市建设工程造价管理处《关于新冠肺炎疫情防控期间复工工程进一步做好造价管理工作的指导意见（第10号）》做出了进一步的解读，本指引在此引用，可供参考。

北京市建设工程造价管理处认为："据实调整合同价款也称为据实结算。据实结算不能简单等同于'实报实销'。据实结算应以补偿承包人合理的实际损失为原则，据实之'实'包括实际发生和合理发生两层含义：一、据实首先是实际发生的费用。实际发生费用以实际支出为认定标准，证明材料就是实际支出的同期记录并签证。二、实际发生的费用应当是合理费用。合理的检验标准是，在相同或者相似的情况下，具备相同资质类别、资质等级和相似经验的承包人均无可避免地会发生相应的费用。也有两层含义，一是费用的类别相同；二是费用的水平相近，也即不同支出主体所支出的费用差异在合理幅度范围内且与市场平均水平相称。承包人应保证实际投入的生产要素与实际完成的工程量相匹配，当现场劳动力或施工机械设备明显冗余时，承包人应当前瞻性地进行计划调度，减少损失，因承包人管理不当造成的不合理成本增加不属于据实结算范围。杜绝虚构、虚报、编造等故意增大成本等有违诚实信用原则的行为。"也因此，虽然55号文规定上述相应的费用变化由承包人与发包人据实调整合同价款，承包人也不能认为任何合理或不合理的相应费用变化均由发包人承担，肆无忌惮的增加费用，否则后果可能由承包人承担。

进一步的，北京市建设工程造价管理处《关于新冠肺炎疫情防控期间复工工程进一步做好造价管理工作的指导意见（第 11 号）》进一步指出："'据实调整合同价款'除第 10 号指导意见所述的'实际发生'和'合理发生'外，还应当注意，需要据实调整的是实际发生的合理增加成本。所谓'增加'是指受疫情影响实际发生的合理费用高于构成原签约合同价的相应价款。以材料价格波动为例，如构成原签约合同价（或者已标价工程量清单所填报单价）的某项材料价格与受疫情影响期间实际发生的合理价格相比，并未增加承包人成本，则不属于本指导意见据实调整合同价款的范围，发承包双方应当按照原合同约定执行。"

3. 关于施工降效成本增加如何处理

关于施工降效成本增加如何落实，北京市建设工程造价管理处《关于新冠肺炎疫情防控期间复工工程进一步做好造价管理工作的指导意见（第 17号）》做出了进一步解释："疫情防控期间采取疫情防控措施原则上可归于干扰事件，既可能影响关键线路工程，也可能影响非关键线路工程，需要具体情况具体分析。其实际影响工期的程度取决于具体防控措施、疫情防控期间、工程性质、工程规模、施工阶段、进度安排和实际投入情况等诸多因素。目前尚缺少简便易行、权威精确的理论分析和计算方法。发承包双方可以根据项目的具体情况结合有关人工和机械降效的测算结果，协商确定合理的顺延工期或者顺延工期的原则。"

因此就具体项目而言，疫情会如何导致施工降效并不是一件容易判断的事情，发承包双方尽可能地进行协商。

在《关于新冠肺炎疫情防控期间复工工程进一步做好造价管理工作的指导意见（第 19 号）》中，北京市建设工程造价管理处进一步提出了相应的解决方案：

"由于不同工程降效影响因素的差别较大，建议双方根据具体工程，首选按据实核定、友好协商的方式确定降效成本；不能协商达成一致的，可参考京建发（2020）55 号文件的参考降效标准处理。参考确定方法如下：

一、施工降效增加成本的据实核定方法

方法一：双方根据实际情况，以我市现行预算定额的消耗量标准为基础，采取抽样调查分部分项工程主要工序的方式，现场分别核定主要工序因降效增加的人机消耗量，并采取类比方法确定其他工序增加的消耗量，分别用相应的增加消耗量乘以签认单价确定增加成本，最终确定整个疫情影响期间完成所有分部分项工程的施工降效增加成本。

方法二：双方根据协商确认的最优延期施工方案，计算完成施工所需投入的人员总工日数和机械总台班数，并结合合同综合单价的消耗数量分析，同口径计算出增加的人工和机械的消耗量，辅助确定降效增加成本。

二、参考降效标准的适用

若发承包双方既不能就施工降效费用协商达成一致，又不能就具体确定方法协商达成一致，则可适用京建发（2020）55号文件第三条第（三）项第3目明确的参考降效标准。即根据具体工程使用功能、建设规模和标准、施工方法以及所处施工阶段等实际情况，按定额计价的方式，计算出相应期间施工完成的分部分项工程的人、材、机的定额消耗量，乘以系数5%，计算确定施工降效所增加的各类生产要素的消耗量。降效调整系数5%主要是根据市场抽样选取典型工程分析测算，并借鉴原全国统一预算定额给定的类似条件调整系数等，经综合考虑确定。

三、生产要素的价格按已有签证，无须另行签证

计算施工降效费用所涉及的生产要素的价格可以直接适用按照现场已签认的价格，无须另行签证，但需要注意适用时点一致的相应价格。以上文确定的施工降效所增加的生产要素消耗量乘以签证确认的生产要素价格即为施工降效增加成本。需要特别说明三点：一是人机价格波动增加成本与施工降效增加成本的合计金额，不应超过施工实际投入所增加的合理费用，更不应重复计算；二是施工降效因素是进场工人数量和施工机械设备数量可能有别于常态数量的合理原因，但仅限于合理范围；三是施工降效主要是具体工程在当前客观条件下施工必须发生的劳动作业时间，与正常状态下作业时间的差，应严格区分施工降效费用【主要受具体工程及其自然环境条件等客观物资条件的限制】与生产要素涨价费用【主要受市场供求和个人主观愿望等因素影响】之间的不同。"

4. 关于五项费用如何避免重复计算

上述五项费用关系密切，容易出现重复计算的情形。就此，北京市建设工程造价管理处《关于新冠肺炎疫情防控期间复工工程进一步做好造价管理工作的指导意见（第18号）》提出了相应的计算规则："其中，第1项'疫情防控措施费'，属于新增加的特殊措施项目费用，原签约合同中已经包括了

一部分费用的【一般出现在确定原合同价格时已经有明确的标准要求，但现场实际投入并未达到相应的标准要求时】，调整合同价款时应当据实予以扣减。第4项'施工降效增加成本'，限于不能通过第2项'人工费'据实结算之外仍有增加的施工直接成本费用，主要关注的是施工机械降效费用。如果发承包双方对现场实际投入的施工机械等的成本增加也能够做到根据实际数量据实结算，则施工机械部分的成本增加也无须再另行考虑施工降效增加成本。"

四、增加价款支付时间

调增的价款列入其实际发生当期的工程进度款，及时足额支付给承包人。

五、赶工费用

发包人要求赶工的，应符合本市相关规定，发承包双方应明确赶工费用，并签订补充协议。

六、适用范围

（一）本指导意见适用于政府投资和其他使用国有资金投资的工程，其中的第三条和第四条，即关于工期顺延和价款调整的条款，使用非国有资金投资的工程参照执行。

（二）开复工的工程及持续施工的工程均适用。疫情发生之后签订合同的工程并不适用。

而特别的，对于疫情发生前招投标，疫情发生期间开标的工程来说，也不适用55号文的规定。北京市建设工程造价管理处在《关于新冠肺炎疫情防控期间复工工程进一步做好造价管理工作的指导意见（15号）》中解释称："受疫情影响期间开标和签订合同的工程属于不可抗力事件发生后形成和订立合同，不适用法定的不可抗力事件的免责保护，也不适用情势变更原则。疫情暴发后尚未开标的，当事人应当合理预见且能够预见疫情的影响，可以依法通过修改招标文件考虑疫情影响，明示风险，调整风险分配；投标人投标报价时也需合理考虑疫情的影响，以保证拟形成和订立的合同的公平性和合理性。"在《关于新冠肺炎疫情防控期间复工工程进一步做好造价管理工作的指导意见（16号）》中，北京市建设工程造价管理处做了进一步解释，称15号文所称的疫情发生后开标的工程，是指疫情暴发前（2020 年 1 月 24 日前）尚未进入招投标程序或已经进入招投标程序但尚未开标的工程，对于这类工程，55 号文并不适用。

对于开标时间在疫情暴发后的工程，招投标双方可以在开标前，以修改招投标文件的形式避免实际签订的合同受疫情影响。

第五节　住房和城乡建设部《房屋市政工程复工复产指南》解读

2020 年 3 月 24 日，住房和城乡建设部发布了《房屋市政工程复工复产指南》（建办质〔2020〕8 号）（以下简称"指南"），该文件是住房和城乡建设部所发布的针对房屋市政工程复工复产的指导，建筑企业可按照该指南进行复工复产，以避免可能产生的行政、刑事处罚，同时建筑企业可以以该指南为依据指定相应的疫情防控方案，报发包人确认后执行。

该指南的内容基本可以分为三大部分：1. 指南中最多的内容均为专门针对疫情复工复产专项措施的内容；2. 指南中另有一部分有关安全施工的规定，该部分规定无论是在疫情期间还是非疫情期间均需遵守；3. 指南第 7 点名为"保障措施"，有部分指导建筑企业如何主张自身权利、度过本此难关的内容。

就第一部分内容来说，事实上各地住房和城乡建设主管部门已经多次发文强调，就此本指引仅将部分重要措施进行总结摘录。第二部分有关安全施工的内容由于并非本指引重点，本指引也不再赘述。第三部分涉及建筑企业权利，本指引适当加以分析，建筑企业应当予以重视，在与发包人谈判过程中，在诉讼或仲裁活动中均可加以引用。

一、疫情防控专项措施

指南中有关疫情防控措施的重要条文，本指引总结如下：

（一）疫情防控组织措施

1. 各参建单位项目负责人是疫情防控和复工第一责任人，对疫情防控措施和质量安全管控负责；

2. 复工复产应组建专门的疫情防控复工复产工作组，统筹负责疫情防控和质量安全管控。

3. 复工复产应编制专项疫情防控方案和复工复产组织方案，对现场管理、人员管控、物资储备和应急处置等作出安排，并认真落实。

（二）疫情防控具体措施

1. 复工复产需指定专人负责人员健康管理，做到"一人一档"管理人员流动情况。

2. 施工现场应采封闭式管理，办公区、施工区、生活区、仓储区分离，设置隔离区，并每日对现场进行全面消毒。安排专人负责文明施工和卫生保洁等工作。

3. 严格执行人员登记、体温检测等，建立个人健康信息卡，内容包括人员姓名、年龄、家庭地址、联系电话、进退场时间、身体健康等信息。

4. 针对疫情修订完善施工组织设计，有序安排施工，避免人员大规模聚集。

5. 保证施工作业区、工地生活区和办公区内洗手设施的正常使用，配备肥皂或洗手液。

6. 保持工作区、办公区、生活区的现场通风、消毒，减少人员聚集。

7. 工地现场做好食品卫生防疫，严禁工地饲养、宰杀、食用野生动物，对于食品来源进行严格把控，人员就餐应采错时就餐、分散就餐，避免就餐人员聚集。

8. 建立相应的应急预案，在发生疫情或疑似疫情状况时，及时上报。

二、疫情保障措施与建筑企业合理权利的主张

1. 指南 7.1 款规定："对因疫情不可抗力导致工期延误，施工单位可根据实际情况依法与建设单位协商，合理顺延合同工期。停工期间或工期延误增加的费用，发承包双方按照有关规定协商处理。"

解读：建筑企业可根据实际情况与发包人协商顺延合同工期、分担相应费用。该条款为宣示性条款，旨在指导建筑企业与发包人合理协商，并无实质意义。

2. 指南 7.2 款规定："因疫情防控发生的防疫费用，可计入工程造价。因

疫情造成的人工、建材价格上涨等成本，发承包双方应加强协商沟通，按照合同约定的调价方法调整合同价款。"

解读：该款内容较为重要。在指南发布之前明确疫情防控费用可纳入工程造价的文件多为地方住房和城乡建设主管部门所发布的指导文件，该类指导文件一来具有地域性，二来层级较低，不被发包人或法院认可的可能性较大。而指南该款以住房和城乡建设部名义明确疫情防控费用可计入工程造价，更利于建筑企业向发包人主张疫情防控费用，在发生纠纷时，建筑企业也可以指南中的规定为由，请求人民法院或仲裁委员会将该笔费用的承担责任分配给发包人。

而该款关于价格调整的规定则仅为宣示性规定。

3. 指南7.3款规定："严禁政府和国有投资工程以各种方式要求施工单位带资承包。建设单位应按照合同约定按时足额支付工程款，不得形成新的拖欠。"

解读：《政府投资条例》从行政法规层级明确规定政府投资项目不得由承包人垫资施工，但对于国有企业投资的项目，有关垫资的规定效力级别均较低，指南再次强调无论政府投资还是国有企业投资的项目均不能要求施工单位带资承包，在建设单位提出相应要求时，建筑企业可以建议引用。

4. 指南7.4款规定："政府和国有投资工程不得以审计机关的审计结论作为工程结算依据，建设单位不得以未完成决算审计为由，拒绝或拖延办理工程结算和工程款支付。"

解读：审计是审计机关对财政支出的监督行为，与建设单位与施工单位之间的工程款结算、工程款支付是两个法律关系。建设单位向施工单位付款应以合同约定的条文为依据，不得以工程审计为由拒绝付款、拖延付款或少付工程款。

上述规则是不言自明的，但实践中经常有建设单位以审计机关的审计结论为依据要求结算工程款，或以审计未完成为由拒绝付工程款，这些行为均是不符合合同法原理的，建筑企业应明确这一规则，妥善处理建设单位的相应要求。

建筑企业应注意的是，根据最高人民法院（2001）民一他字第2号意见的规定，如合同明确约定结算以审计结论为依据，这种情况下，建设单位可以以审计结论为依据与施工单位进行结算。如招标文件或合同中有相应条款，建筑企业一定要小心。

5. 指南 7.5 款规定："严格执行工程建设领域保证金相关规定，保证金到期应当及时予以返还，未按规定或合同约定返还保证金的，保证金收取方应向企业支付逾期返还违约金。疫情防控期间新开工的工程项目，可暂不收取农民工工资保证金；投标保证金、工程质量保证金等其他保证金，可结合当地实际情况采用银行保函或缓缴等方式。"

解读：对于疫情期间新开工的项目，建筑企业可依据该款规定，向有关机构或建设单位申请缓缴农民工工资保证金、投标保证金、工程质量保证金等其他保证金，或采取银行保函方式做担保。

6. 指南 7.6 款规定："地方各级住房和城乡建设主管部门及有关部门要积极研究、主动作为，加强对复工复产保障政策的解读、细化和落实，向企业宣传好、解释好、落实好政策，支持企业依法享受税收、成本、金融、保险等优惠政策，打通政策落地'最后一公里'。对材料、设备等供应短缺，影响工程复工复产的，应会同有关部门积极协调解决，真正让企业得到实惠、受到激励，更加坚定复工复产信心。"

解读：该款为宣示性条款，对建筑企业的实际影响并不大。

第十八章

国际工程受新冠疫情影响索赔与反索赔专章解读

"一带一路"倡议提出以来，我国企业在海外的工程投资与建设日益增长，越来越多的国内建筑企业承包了工程地点位于境外的工程，本次新冠疫情同样对我国企业在境外承包的工程产生了严重影响，且随着疫情的发展，部分国外地区反而成为疫情的重灾区，我国建筑企业所承包的国际工程受到新冠疫情的影响不容忽视。本章就新冠疫情专章解读也是希望读者以此总结经验。

第一节　国际工程与国内工程索赔与反索赔的背景差异

建筑企业在处理工程地点在国外的项目时，同样可以参考本指引关于国内工程的索赔与反索赔建议，但由于不同国际工程所适用的法律、国家国情、语言等各不相同，国际工程的索赔与反索赔与国内工程存在一定差异。

一、新冠疫情对国际工程的影响程度和方式不同

截至 2020 年 6 月 6 日，国外感染人数（670 多万）和死亡人数（39 万多）均已远远超过国内，新冠疫情的重灾区已经由国内变为国外，国际工程同时受国内疫情发展和国际疫情发展的双重影响，相较于新冠疫情对国内工程的影响，新冠疫情对国际工程的影响可能持续时间更长，范围更广，程度更重。新冠疫情对国际工程的影响可能包括：

1. 工程所在国限制国内人员、工程物资入境导致无法正常进行人员更替、物资供应；

2. 工程所在国对疫情暴发前或疫情暴发期间入境的中国籍员工采取较严

格的医学观察措施、隔离措施等导致不能按原计划进行施工；

3. 项目业主可能拒绝中国总包提出的中国分包建议，禁止中国总包和国内劳务分包、材料供应商签订合同；

4. 因国内疫情防疫措施导致管理人员、劳务人员无法正常出境，影响工程安排；

5. 因国外疫情防控措施导致项目停工，长时间不能开复工；

6. 因国外疫情导致国外供应商无法提供相应的工程材料等，影响工程安排。

除上述直接影响之外，国际工程还可能受到关联方的影响而无法正常开复工，如业主或银行受新冠疫情影响资金出现短缺，项目无法得到正常的工程款支付或贷款。

二、准据法与纠纷解决方式不同

1. 准据法

准据法是指解决涉外争议时所应适用的法律。一般来说，建设工程施工合同中均会约定合同所适用的法律，中国国内承包商在与国际业主签订合同时，国际业主通常要求在合同中约定适用工程所在地国家的法律，中国国内承包商承包国际工程后再分包给国内承包商时，通常约定合同适用中国法律，但也有例外。

而国内工程则由于并无涉外因素，因此均适用中国法律。

2. 纠纷解决方式

国际工程合同的纠纷解决方式通常有工程师暂定、DAB 争议解决机制、仲裁裁决、法院诉讼等，除仲裁裁决和法院诉讼等之外的解决方式都并非终局的，因此仲裁、诉讼显得尤为重要。

在国际工程中，国际业主与国内承包商所签订的合同通常约定由当地法院管辖或由特定仲裁委员会管辖，而国内承包商与国内分包的合同通常约定国内特定仲裁委员会管辖，例外会约定国内特定法院管辖。

而国内工程一般在工程所在地法院管辖，或在国内特定仲裁委员会管辖。

3. 准据法和纠纷解决方式差异的影响

国际工程项目因适用法律和纠纷解决方式的不同，在纠纷处理和裁判规则上与国内工程存在差异。适用法律和纠纷解决方式的不同所带来的影响集中在：（1）对不可抗力的认定的影响；（2）对不可抗力发生后风险如何分担的影响；（3）对不可抗力通知程序的影响；（4）对索赔的影响；（5）对合同是否可以解除的影响等。

另外，在处理国际工程索赔与反索赔时，可能存在纠纷解决在外国法院，而相关证据在国内产生的情形；也可能存在纠纷解决在国内仲裁委员会，而相关证据在国外产生的情形。建筑企业需要根据相应法院、仲裁委员会对证据的要求，对域外产生的证据进行举证，并通过公证、认证程序增强证据的证明力。

三、合同文本不同导致裁判依据不同

1. 国内工程常用的合同文本

建筑企业在国内工程中经常使用的施工合同通常为住房和城乡建设部所发布的《示范文本》，《示范文本》共有三版，按照发布的时间可以分为 1999 版、2013 版和 2017 版，现阶段使用 2013 版和 2017 版《示范文本》的项目较多，但仍有部分项目使用的是 1999 版的《示范文本》。

另外，部分省份也根据地域差异制定了相应的示范文本，如《河北省建设工程施工合同（示范文本）》等。

2. 国际工程常用合同文本

国际工程最常用的合同文本为国际咨询工程师联合会（FIDIC）编制的各类合同文本，FIDIC 是世界上最具权威性的国际工程咨询工程师组织，其出版的常用合同文本包括《土木工程施工合同条件》（简称"红皮书"）、《生产设备与设计 - 建造合同条件》（简称"黄皮书"）、《EPC/ 交钥匙项目合同条件》（简称"银皮书"）等，分别对应了施工总承包合同、设计施工总承包合同以及 EPC 合同。我国的《示范文本》2013 版在体例上与 1999 版红皮书最为接近，红皮书也是我国建筑企业最为熟悉的一版合同。

除此之外，英国土木工程师协会（ICE）、美国建筑师学会（AIA）、英国合同审定联合会（JCT）等组织所发布的各类合同也是国际工程中常见的合同类型。

3. 不同合同文本的影响

合同为当事人之间的法律，这一规则在绝大多数国家和地区的法律体系中均适用。合同文本、合同内容的不同对于新型不可抗力事件的索赔与反索赔均存在较大影响。

影响主要体现在：（1）对不可抗力的认定的影响；（2）对不可抗力发生后风险如何分担的影响；（3）对不可抗力通知程序的影响；（4）对索赔的影响；（5）对合同是否可以解除的影响等。

建筑企业在处理特定项目的具体索赔反索赔时，应重点关注合同中有关不可抗力、索赔的特定约定，以合同约定为主处理相应的事务。本指引在后文重点以国际上流行的 FIDIC 合同文本为例解读合同文本差异所带来的影响。

第二节　不可抗力规则在国际工程中的认定与适用

本次疫情对于国际工程来说，建筑企业最应关注的仍为不可抗力的认定与相应规则的适用问题，本次疫情所导致的工期延期、费用增加等在国际工程中通常也应通过不可抗力规则进行分配，如本次新冠疫情可以认定为不可抗力，则建筑企业即可按照不可抗力发生后果的约定向业主进行索赔，并对业主的反索赔行为进行合理抗辩。

一、特定国际工程中不可抗力规则的适用

对于特定国际工程项目，由于疫情影响不同、合同文本不同、准据法不同等原因，疫情是否可构成不可抗力不能一概而论。

建筑企业首先应当关注的是合同中约定的不可抗力条款，不同的合同文本中不可抗力条款的约定可能存在一定差异。如合同文本中明确将瘟疫类事件列举为不可抗力，则建筑企业可直接加以引用。如合同文本中未将瘟疫类事件列举为不可抗力，但对不可抗力有定义和规则的约定，则建筑企业可根据疫情对建筑企业的影响对照合同文本的定义对疫情构成不可抗力加以论证、举证。如合同文本中并未约定不可抗力，则建筑企业需要从合同所适用的准据法中寻找相应的依据。

而对于不可抗力的后果、费用及工期风险的承担以及其他细节方面的内容，建筑企业亦需要结合合同文本与合同所适用的准据法共同确定。

二、不可抗力规则在不同国家的规定与适用

不可抗力这一概念起源于法国民法，后经德国民法发展，逐渐在法律后

进国家被接受。一般来说，大陆法系国家和地区，如德国、法国、日本、我国台湾地区，以及广大的亚非拉国家均有明确的不可抗力规则的规定。在这些国家和地区的民法、商法中，通常将不可抗力作为一种免责事由，即当不可抗力发生导致义务无法履行或无法完全履行时义务人不承担相应的责任。有关不可抗力的定义，各个国家之间基本相同，通常来讲，我们可以以我国《民法典》合同编中的不可抗力定义来理解大陆法系国家有关不可抗力的定义。

但不同国家有关不可抗力的规定在细节上存在一些差异，如德国民法中，当不可抗力导致合同目的不能实现时，无须合同双方向对方发送解除合同的通知，合同视为自动解除。而在我国民法中，当不可抗力导致合同目的不能实现时，法律赋予当事人可以单方解除合同的权利，但如当事人未主张合同解除，则合同仍然是存续的状态。由于合同解除时间涉及一些费用分配的判断，这些细节上的差异会对建筑企业处理工程索赔与反索赔时产生一定的影响。

而在英美法系国家和地区中，如英国、美国、印度、巴基斯坦、孟加拉国、马来西亚、我国香港地区等地，不可抗力规则通常并非其当地法律明确规定的规则。在这些地方，通常如要适用不可抗力的相关规则需要有合同的明确约定，因此合同中对不可抗力的明确约定尤为重要。在合同明确约定的情况下，建筑企业仍可在这些地方援引不可抗力规则主张相应的诉求与抗辩。

如合同中未约定不可抗力规则，则建筑企业可援引相应的合同落空原则（Doctrine of Frustration）对违约事项进行抗辩。虽然上述英美法系国家通常没有不可抗力规则，但一般有相应的合同落空原则，合同落空原则是指合同签订后，不是由于合同当事人的过失，发生了当事人意想不到的事件，致使订立合同的目的受到挫折，则当事人得予免除因此而未能履行合同义务的责任。

部分合同中可能会援引一些国际通行的规则，如《国际商事合同通则》《欧洲合同法通则》等，在该规则中也有不可抗力规则的规定。

不同国家之间的法律在细节上差异很大，本指引仅能进行简要说明，供建筑企业进行初步判断使用，建筑企业在处理特定国家的工程争议时，仍需与当地律师进行交流沟通。

三、不可抗力规则在 FIDIC 合同中的约定与适用

除各国的法律规定以外，建筑企业更应关注项目所签订合同中的不可抗力条款，在合同有约定的情况下，可以直接援引合同的约定。本文以国际工

程中使用范围最广的 1999 及 2017 版 FIDIC 红皮书（施工合同）、黄皮书（设计施工合同）、银皮书（EPC 合同）为例进行讨论，需说明的是 1999 版红皮书、黄皮书、银皮书有关不可抗力的规定是相同的，而 2017 版红皮书、黄皮书、银皮书将不可抗力的用语改为了特殊事件，三份合同有关特殊事件的规定亦是相同的。

1. FIDIC 红皮书、黄皮书、银皮书中不可抗力的定义

1999 版 FIDIC 红皮书、黄皮书、银皮书在第 19 条规定了不可抗力（Force Majeure），而 2017 版 FIDIC 红皮书、黄皮书、银皮书则取消了不可抗力的用语，取而代之使用了特别事件（Exceptional Events）的用语，并将该条编在第 18 条。不可抗力和特殊事件虽然用语不同，但本质是相同的，1999 版红皮书、黄皮书、银皮书第 19 条与 2017 版红皮书、黄皮书、银皮书 18 条除了用语不同之外，其他内容基本是相同。下文如提到 2017 版合同，仍采用特殊事件的用语。

1999 版红皮书、黄皮书、银皮书第 19.1 款约定，不可抗力需满足如下四个条件：（1）一方无法控制；（2）在签订合同之前，该方无法合理防范；（3）事件发生后，该方不能合理避免或克服；（4）该事件本质上不是合同另一方引起的。

同时对不可抗力进行了列举式规定，在满足以上四项内容的情况下，下列事件可构成不可抗力：（1）战争、敌对行动、外敌入侵；（2）起义、恐怖、革命、军事政变或内战；（3）非承包商人员引起的骚乱、秩序混乱、罢工、封锁等；（4）非承包商使用或造成的军火、炸药爆炸、辐射、污染等；（5）诸如地震、飓风、台风、火山爆发等自然灾害。而在 2017 版红皮书的特殊事件列举中，将第（3）拆分为了两项，其他内容均相同。

从上述内容可以看到，FIDIC 红皮书、黄皮书、银皮书中有关不可抗力的定义与国内不可预见、不可避免、不可克服的客观情况的定义虽然用语不同，但内涵基本相同，但 FIDIC 红皮书、黄皮书、银皮书在列举不可抗力的情形时，并没有像《示范文本》那样将瘟疫列举在内。这一差异所导致的后果是，对于签订了 FIDIC 红皮书、黄皮书、银皮书的建筑企业来说，本次疫情发生后，建筑企业需要从不可预见性、不可避免性、不可克服性等方面更为全面地论证本次疫情对工程造成的影响，同时需要进一步地进行举证。

2. FIDIC 红皮书、黄皮书、银皮书中有关不可抗力通知的约定

1999 版红皮书、黄皮书、银皮书第 19.2 款有关不可抗力的通知约定如下：

如果由于不可抗力，一方已经或将要无法依据合同履行他的任何义务，则该方应将构成不可抗力的事件或情况通知另一方，并具体说明已经无法或将要无法履行的义务、工作。该方应在注意到（或应该开始注意到）构成不可抗力的相应事件或情况发生后 14 天内发出通知。在发出通知后，该方应在此类不可抗力持续期间免除此类义务的履行。不论本条中其他款作何规定，不可抗力的规定不适用于任一方依据合同向另一方进行支付的义务。

2017 版红皮书、黄皮书、银皮书第 18.2 款在此基础上进一步增加了以下内容：若特别事件影响的一方在规定的 14 天以后才向另一方发出通知，则被特别事件影响的一方免去合同义务从另一方收到该延误的通知的日期开始；受特别事件影响的一方被免去的义务只适用受阻于特别事件的义务，其他没有受阻的义务则正常履行。

与住房和城乡建设部所发布的《示范文本》不同，FIDIC 红皮书、黄皮书、银皮书所约定的通知期限为 14 天（《示范文本》要求是"立即"），其他内容与我国国内的不可抗力规则基本相同。

特别的是，FIDIC 红皮书、黄皮书、银皮书明确约定了金钱给付义务不能因不可抗力免责，这一规则在国内法律法规中并无直接规定，而是由法理、法院的指导意见推出，通常从法律规定中不能直接得知。FIDIC 红皮书、黄皮书、银皮书的明确约定直接限制了业主以不可抗力为由要求免付或迟付工程款的要求。

3. FIDIC 红皮书、黄皮书、银皮书中有关降低损失的约定

1999 版红皮书、黄皮书、银皮书第 19.3 款约定：只要合理，自始至终，每一方都应尽力履行合同约定的义务，以减少由于不可抗力导致的任何延误。当不可抗力的影响终止时，一方应通知另一方。

2017 版红皮书、黄皮书、银皮书第 18.3 款在此基础上增加了：若特别事件具有持续作用，则在受影响方发出第一封通知之后的每 28 天，需要向另一方再发出通知；当特别事件影响停止后，受影响的一方应当立即通知另一方，若没有发出通知，则另一方可以主动向受影响一方发出特别通知，并附有理由。

与住房和城乡建设部 2017 版《示范文本》相同，FIDIC 红皮书、黄皮书、银皮书亦要求受不可抗力影响的一方应采取相应的补救措施，但 FIDIC 红皮书、黄皮书、银皮书并没有约定未采取补救措施导致的扩大损失由义务人承担。本指引认为住房和城乡建设部的《示范文本》在此处的约定优于 FIDIC

红皮书、黄皮书、银皮书，因为不可抗力发生后，受影响的通常为承包人，而最终承担损失的通常为发包人，如对承包人补救措施的要求不够严格，则可能使承包人消极应对不可抗力事件的影响。但 FIDIC 红皮书、黄皮书、银皮书在此处的约定相对于住房城乡建设部 2017 版《示范文本》来说更偏向于承包人。

建筑企业应重点关注的是，FIDIC2017 版合同文本要求不可抗力持续期间，受影响的一方应当每隔 28 天发送一次通知。

4. FIDIC 红皮书、黄皮书、银皮书中有关不可抗力后果的约定

1999 版红皮书、黄皮书、银皮书第 19.4 款对于不可抗力发生后果的约定大意为：如承包人受不可抗力影响无法履行相应义务，并且已经按合同约定发出了不可抗力通知，承包人因此受有工期延误和费用增加，则承包商有权就此类延误获得工期增加；如果不可抗力属于第 19.1 款中（1）至（4）种不可抗力类型，并且第（2）至（4）种不可抗力情形的发生地在工程所在国，则承包人有权获得费用增加的索赔。索赔应由承包人通知监理工程师，并由监理工程师按照合同第 3.5 款进行处理。

2017 版红皮书、黄皮书、银皮书删除了监理工程师的权限，但由于监理工程师的权限并非终局的，因此影响并不大。

FIDIC 红皮书、黄皮书、银皮书在不可抗力后果的分担处的约定与住房和城乡建设部 2013 版及 2017 版《示范文本》存在较大差异，而该条文恰恰是建筑企业最应关注的内容。一方面，在 FIDIC 红皮书的规定下，"自然灾害"类的不可抗力所造成的后果，承包人仅可索赔工期延长而不能索赔费用增加，另一方面，FIDIC 红皮书并没有像住房和城乡建设部《示范文本》那样区分费用增加的类型，而是囊括式的约定，这就需要建筑企业在不可抗力发生时合理全面地计算应索赔的费用的内容。

对于签订了 FIDIC 红皮书、黄皮书、银皮书的承包人来说，本次新冠疫情在一定程度上也能构成不可抗力，但由于 FIDIC 红皮书、黄皮书、银皮书并没有直接约定瘟疫类的不可抗力承包人可以索赔费用增加，这就导致建筑企业在本次新冠疫情中适用 FIDIC 红皮书、黄皮书、银皮书进行费用索赔时产生一定争议，除非建筑企业与业主在专用条款里进行了额外约定，否则建筑企业可能需要进一步在争议的准据法中寻找对应的规定和案例以进一步主张费用索赔。但无论如何，建筑企业应可根据 FIDIC 红皮书、黄皮书、银皮书的约定向业主进行工期索赔。

5. FIDIC 红皮书、黄皮书、银皮书中有关不可抗力导致合同解除的约定

1999 版红皮书、黄皮书、银皮书第 19.6 款、19.7 款，以及 2017 版红皮书、黄皮书、银皮书第 18.5 款、18.6 款约定了不可抗力发生后，合同双方可以解除合同的情形，1999 版红皮书、黄皮书、银皮书与 2017 版红皮书、黄皮书、银皮书的约定大同小异。

按照 FIDIC 红皮书、黄皮书、银皮书的约定，不可抗力发生后，如工程被连续耽搁 84 天或累计耽搁 140 天，则双方均可向另一方发出终止通知，合同在通知发出 7 天后终止；或如不可抗力的发生导致一方或双方无法继续履行合同或继续履行合同非法，或按照合同所适用的法律有权解除合同，则一方可以在通知另一方后随即解除合同。

FIDIC 红皮书、黄皮书、银皮书有关不可抗力导致合同解除的约定也分为三种情况，这三种情况分别对应我国住房和城乡建设部《示范文本》所约定的约定解除，以及《合同法》所规定的法定解除情形。对于签订了 FIDIC 红皮书的建筑企业来说，合同解除的条件和方式基本上和国内纠纷是一致的。

虽然因不可抗力的合同解除约定基本一致，但由于国际工程通常受国内、国际疫情的双重制约，牵扯面更广，所以可能停工时间更长，如停工时间过长，超过了连续 84 天或累计 140 天的约定，则会导致业主和建筑企业均获得单方合同解除权。而国内工程通常受影响的时间仅有 2 个月左右，一般不会达到单方可以解除合同的程度。

需要说明的是，FIDIC 红皮书、黄皮书、银皮书约定的受不可抗力影响导致停工连续 84 天或累计 140 天下的合同解除，合同解除时间是解除通知发出 7 日后，而非对方收到时，合同解除时间点会影响到一些情况下费用的分担和计算，因此签订了 FIDIC 红皮书、黄皮书、银皮书的建筑企业需要对此加以注意。

第三节　建筑企业在国际工程中应注意的具体事项

一、跨国发生的不可抗力影响的证明

对于我国建筑企业承包的国际工程，很可能发生国内疫情防范措施影响导致的劳务工人、工程物资无法进入工程所在国的停工，也可能发生第三国疫情防控措施导致的劳务工人、工程物资无法进入工程所在国的停工，该类情形均涉及跨国发生的不可抗力影响的证明问题，由于国际工程的管辖一般均是工程所在地法院，建筑企业需要特别关注如何整理准备非工程所在国产生的证据，以应对索赔、反索赔以及可能有的诉讼仲裁程序。

建筑企业在整理准备相应非工程所在国的证据时，可以辅以工程所在国的证据加以佐证，如工程所在国新闻媒体对疫情发生地疫情防控措施的报道、我国驻当地大使馆所开具的证明等。

对于发生在我国境内的疫情影响，建筑企业可申请比较权威的机构出具相应的证明，如企业可根据需要向中国国际贸易促进委员会及其授权的分、支会申请不可抗力事实证明。

其他通常可以使用到的证据包括但不限于政府和世界卫生组织公告、旅行禁令、检疫要求、各类歇业通知、航空公司航班取消证明、与业主的往来函件、业主的指示与要求、现场的材料仓储和消耗记录、现场的人员需求和人员进出记录、海关和物流相关情况的记录、施工日志、我驻项目所在国使（领）馆通知、减损措施证明等。

二、合理利用保险合同降低损失

国际工程通常均要求承包人投保相应的工程保险，如工程一切险、人员事故险、第三方责任险等。对于签订了 FIDIC 合同文本的建筑企业来说，FIDIC 合同并不强制要求承包人投保包含不可抗力后果的险种，如 FIDIC2017 版银皮书第 19.2 款即提出承包人应以承包人和业主的联合名义对工程、工程材料、生产设备等进行投保，但同样也提到承包人无须对特殊事件（不可抗力）所造成的后果投保。但部分企业所投保的险种仍有可能包含不可抗力造成的后果的赔付，如建筑企业已对工程投保了包含不可抗力发生后果的险种，则建筑企业可以依据保险合同向保险公司要求理赔，合理降低损失。

三、按照合同约定的程序采取通知、补救、索赔措施

由于国际工程所采用的合同类型与国内工程通常不同，有关不可抗力通知、补救、索赔的程序等可能存在相应的差异，建筑企业不能按照国内工程的一贯做法进行通知、补救与索赔，而应当按照实际签订的合同中所规定的

相应程序进行。

特别提醒，在国际工程中，监理工程师的作用相对来说要大于国内工程中的监理工程师，很多国际工程合同文本中均要求发生不可抗力后，承包人应通知监理工程师，而非业主，监理工程师也具有对相应的费用、工期进行签认的权利。

对于此类国际工程合同中的约定与国内工程合同约定存在差异的程序性内容，建筑企业应额外留意。

四、慎重决策

新冠疫情对于特定工程是否构成不可抗力不能一概而论，建筑企业在进行决策时应根据新冠疫情影响合同履行的程度，合同约定的不可抗力条款，合同所适用的法律等多方面共同考虑，不能直接盲目地向业主主张索赔或解除合同，否则极有可能构成进一步违约，承担更为严重的后果。

五、聘请国内律师和国外律师共同提供法律服务

由于文化制度以及语言的差异，我国律师通常不能在国外法庭中出庭，如工程争议进入诉讼，且合同所约定的纠纷解决机构为外国法庭，我国律师通常较难起到决定性的作用。建筑企业应聘请相应的国外律师代理案件。但国外律师通常对国内的国情并不了解，对于一些证据的收集、材料的准备工作等并不能尽善尽美，此时就需要国内律师的共同协助。因此我们建议对于国外工程应尽量同时聘请国内律师与国外律师共同提供法律服务。

第十九章

建筑企业新型不可抗力案例解读

由于新冠疫情引起的合同履行障碍和非典疫情的情形并无本质区别，本章参考"非典"疫情的建设工程施工合同纠纷的几则典型案例，探讨施工单位应对本次新冠疫情的处理思路。

案例 1：

《建设工程施工合同》不可抗力条款中对发生不可抗力事件时损失分担原则有明确约定的，以合同约定为主——上诉人（原审原告）上海祥龙建筑装潢工程有限公司与被上诉人（原审被告）路易里欧生物科技（上海）有限公司建设工程合同纠纷一案[①]

2002 年 9 月 28 日，祥龙公司、路易里欧公司签订一份《建设工程施工合同》，合同订立后，祥龙公司根据路易里欧公司的要求在工地搭建临时设施准备进场开工。由于路易里欧公司未取得施工许可证及资金等原因，路易里欧公司要求祥龙公司暂时不要施工。2003 年 4 月 25 日，路易里欧公司取得施工许可证。由于适逢"非典"期间，至 2003 年 7 月，路易里欧公司要求恢复施工，祥龙公司于 8 月 5 日开始施工。2004 年 4 月 29 日，祥龙公司曾就工程欠款事宜诉至法院，该案终审判决已经生效。现祥龙公司为停工损失诉至法院，请求判令路易里欧公司赔偿祥龙公司计至 2008 年 4 月 20 日各项损失共计 4121828 元（人民币，下同）（其中：误工损失 1294903.20 元；机械设备停置费 273420.88 元；停工期间现场管理费 2401163.20 元；材料损失费 147341 元；

[①] 上海市第一中级人民法院（2009）沪一中民二（民）终字第 2362 号民事判决书。

代付工人工资损失 5000 元)。《建设工程施工合同》第 39 条约定，因不可抗力事件导致的费用及延误的工期由双方按以下方式分别承担：发包人承包人人员伤亡由其所在单位负责，并承担相应费用，承包人机械设备损坏及停工损失，由承包人承担；停工期间，承包人应工程师要求留在施工场地的必要的管理人员及保卫人员的费用由发包人承担等内容。

一审法院认为，关于祥龙公司提出从 2003 年 4 月 26 日到 2003 年 8 月 4 日"非典"时期的停工损失的赔偿问题，根据双方合同第 39 条约定，因不可抗力事件导致的费用，承包人机械设备损坏及停工损失，由承包人承担。故祥龙公司主张"非典"时期的停工损失，法院不予支持。承包人上诉称，从公平合理角度而言，对于"非典"期间的管理费和人工损失，应由双方各半承担。

二审法院认为，祥龙公司上诉要求路易里欧公司承担"非典"期间的部分停工损失，然双方合同第 39 条明确约定，因不可抗力事件导致承包人机械设备损坏及停工损失，由承包人自行承担，故祥龙公司要求路易里欧赔偿"非典"期间的停工损失显然不符合双方合同的约定，该上诉请求本院不予支持。

案例 2：

多原因导致工期延误，不可抗力导致的工期延误免除违约责任的情形——浙江省二建建设集团有限公司与时间房地产建设集团有限公司建设工程施工合同纠纷案[①]

本案中，时间房产公司向二建公司主张工期延误违约金。关于工期是否存在延误，二建公司认为，1. 设计变更、工程量增加及停水停电影响的工期，监理已批准签字，工期应予顺延。2. 非典期间停工一个月，工期应顺延。因此，不应承担工期延误违约金。

法院经审理认为，根据施工合同通用条款 13.1 款的规定，因不可抗力造成工期延误，可以顺延工期。考虑到 2003 年"非典"疫情严重，属于众所周知的事实，二建公司为避免"非典"疫情在建设工地暴发而暂停施工，并及时向监理报告了该情况，故对属于不可抗力范畴的"非典"疫情期间停工，

---

① 浙江省高级人民法院 (2011) 浙民终字第 34 号民事判决书。

应予顺延工期 30 天。但对于二建公司主张的设计变更、工程量增加及停水停电影响的工期，因未按合同约定取得时间房产公司的批准同意，相应工期认定工期延误，二建公司应当承担工期延误违约金。

案例 3：

多原因导致工期延误，不可抗力导致的工期延误不能免除违约责任的情形——新乡市恒升房地产开发有限公司与河南六建建筑集团有限公司建设工程施工合同纠纷案 [①]

本案中，恒升房地产向六建公司主张工期延误违约金及由此造成的不能按约向购房户、租赁户交付房屋产生的索赔损失。六建公司反诉向恒升公司主张工期延误造成六建公司的停工、窝工等损失。六建公司主张工期延误的原因是恒升公司随意变更设计、材料设备不能按预定时间提供，将个别工程单独分包，未能依法办理工程规划许可证和施工许可证等重要报建手续以及受"非典"影响。

法院经审理认为，本工程延期交工是不争的事实，双方争议的焦点之一在于究竟是谁违约造成延期交工。根据双方提供的材料，本案工程之所以延期交工，有各方面的因素，对恒升公司而言，有不能及时供应材料、未办理施工许可证等因素；对六建公司而言，有管理不善、组织不力等因素；客观上又有 2003 年的"非典"影响正常施工等因素，由于双方不能提供明确的证据证明延期交工是一方造成的，应当认定双方对延期交工都有一定的责任，因此，双方要求对方承担违约责任并赔偿经济损失的诉讼请求本院均不予支持。

案例 4：

对于双方在合同订立时已预见到疫情期间可能产生的特殊情况，并作出约定，一方当事人以受疫情影响为由主张解除或变更的，不予支持——大庆筑安建工分公司与曲阜市建筑公司建设工程施工合同纠纷案 [②]

2003 年初，曲阜市政府决定开发商品交易城，北京某房地产开发公司投

---

① 河南省新乡市中级人民法院（2007）新民二初字第 010 号民事判决书。

② 山东省高级人民法院（2017）鲁民申 3251 号民事裁定书。

资开发，并注册成立了某交易城有限公司，将该商品交易城工程发包给了大庆某公司，大庆某公司总包后又注册成立了大庆某公司曲阜分公司。

2003年5月7日，某交易城有限公司、大庆某公司曲阜分公司及北京某监理公司三方就工程分包及合同的签订等事宜召开会议并形成《会议纪要》:

时值"非典"时期，山东省限制外地施工队入鲁，只能使用当地施工队伍;该商品交易城的工程图纸也只有中国某公司设计的D、G两种楼型的图纸，并据此测算工程合同单价应为635~645元/m²;工程量及工程预算难免有一定范围的出入，总包单位与分包单位在工程合同中应注明相关变更等事宜。

5月14日，大庆某公司曲阜分公司与曲阜某公司签订了《工程施工协议书》，约定了工程概况、开竣工日期为2003年5月14日开工至2003年9月18日竣工等内容。

2005年5月至年底，曲阜某公司将所施工的房屋钥匙陆续交于某交易城有限公司。随即曲阜某公司要求大庆某公司曲阜分公司支付工程余款48万元及部分后续工程款。

大庆某公司曲阜分公司拒付，曲阜某公司诉至法院，请求判令大庆某公司曲阜分公司偿还工程款及违约金。审理中，双方就工程价款结算标准产生争议。

法院认为，大庆某公司、大庆某公司曲阜分公司主张因当时是"非典"时期导致设计变更，所以应当适用《最高人民法院关于审理建设工程施工合同纠纷案件适用法律问题的解释》第十六条的规定，参照当地主管部门发布的计价方法即1996年建筑工程综合定额计算工程造价，而不是按照《工程施工协议书》约定的结算标准计算工程价款。

但从2003年5月7日的《会议纪要》来看，该《会议纪要》明确载明了涉案工程时值"非典"时期，只能使用当地施工队伍，只能使用中国某公司的D、G图纸等内容。由此可见，双方签订《工程施工协议书》时，已经对"非典"时期的特殊情况做出了明确的预见和约定，因"非典"调整图纸等并非是签订《工程施工协议书》后另行发生的情势变更。大庆某公司、大庆某公司曲阜分公司主张因出现"非典"导致《工程施工协议书》不能继续履行，与已查明事实不符，不予采纳。

　　上述几则案例，体现了建筑企业在合同中约定不可抗力条款的重要性，也体现了建筑企业在遇到不可抗力事件时，其主张停工损失、机械设备损坏、工期延误违约责任、人材机价格上涨等损失时，法院的裁判思路，对于建筑企业主张损失索赔及风险防控具有一定的借鉴意义。

更多重要法律法规规定、行政命令、调价指导意见、司法裁判指导意见

扫描以下二维码查看更多涉疫情重要法律法规规定，重要行政命令、调价指导意见，重要司法裁判指导意见，建筑企业实用法律文书，疫情防控工作方案。

第一部分：涉疫情重要法律法规规定

一、疫情防控措施相关

（一）《中华人民共和国传染病防治法》

（二）《中华人民共和国突发事件应对法》

（三）《中华人民共和国国境卫生检疫法》

（四）《中华人民共和国行政处罚法》

（五）《中华人民共和国刑法》

（六）《中华人民共和国动物防疫法》

（七）《中华人民共和国食品安全法》

（八）《中华人民共和国治安管理处罚法》

（九）最高人民法院、最高人民检察院《关于办理妨害预防、控制突发传染病疫情等灾害的刑事案件具体应用法律若干问题的解释》

（十）《公共场所卫生管理条例》

（十一）《中华人民共和国传染病防治法实施办法》

（十二）《突发公共卫生事件应急条例》

（十三）《中华人民共和国国境卫生检疫法实施细则》

二、民事关系相关法律法规

（一）《中华人民共和国民法总则》（节选）

（二）《中华人民共和国合同法》（节选）

（三）《中华人民共和国劳动合同法》（节选）

（四）最高人民法院关于适用《中华人民共和国合同法》若干问题的解释（二）（节选）

第二部分：与建筑企业相关重要政策、通知、行政命令

一、国务院及其部委机关发布

（一）国务院办公厅《关于延长 2020 年春节假期的通知》（国办发明电〔2020〕1 号）

（二）人力资源社会保障部　全国总工会　中国企业联合会／中国企业家协会 全国工商联《关于做好新型冠状病毒感染肺炎疫情防控期间稳定劳动关系支持企业复工复产的意见》（人社部发〔2020〕8 号）

（三）人力资源社会保障部办公厅《关于妥善处理新型冠状病毒感染的肺炎疫情防控期间劳动关系问题的通知》（人社厅明电〔2020〕5 号）

（四）人力资源社会保障部　财政部　税务总局《关于阶段性减免企业社会保险费的通知》（人社部发〔2020〕11 号）

（五）住房和城乡建设部　财政部　人民银行《关于妥善应对新冠肺炎疫情实施住房公积金阶段性支持政策的通知》（建金〔2020〕23 号）

（六）国家医保局　财政部　税务总局《关于阶段性减征职工基本医疗保

险费的指导意见》（医保发〔2020〕6号）

（七）国务院应对新型冠状病毒感染肺炎疫情联防联控机制《关于印发企事业单位复工复产疫情防控措施指南的通知》（国发明电〔2020〕4号）

（八）国家卫生健康委员会《关于切实做好新冠肺炎聚集性疫情防控工作的紧急通知》

（九）住房和城乡建设部办公厅《关于加强新冠肺炎疫情防控有序推动企业开复工工作的通知》（建办市〔2020〕5号）

二、北京市政府及其各部门发布

（一）开复工、施工管理

1. 北京市人民政府政府《关于新型冠状病毒感染的肺炎疫情防控期间本市企业灵活安排工作的通知》发布日期2020.01.30

2. 北京市住房和城乡建设委员会《关于施工现场新型冠状病毒感染的肺炎疫情防控工作的通知》发布日期2020.01.29（京建发〔2020〕13号）

3. 北京市住房和城乡建设委员会《施工现场新型冠状病毒感染的肺炎疫情防控工作管理规定》发布日期2020.01.29（京建发〔2020〕14号）

4. 北京市住房和城乡建设委员会《关于物业服务企业做好新型冠状病毒感染的肺炎疫情防控工作的通知》发布日期2020.01.30（京建发〔2020〕15号）

5. 北京市住房和城乡建设委员会《关于印发〈关于加强疫情防控做好建设工程复工协调调度的工作方案〉的通知》发布日期2020.02.09（京建发〔2020〕20号）

6. 北京市住房和城乡建设委员会《关于进一步疫情防控保障建设工程安全有序复工的通知》发布日期2020.02.09（京建发〔2020〕19号）

7. 北京市住房和城乡建设委员会《关于加强疫情防控期间施工现场返京劳务人员管理的通知》发布日期2020.02.15（京建发〔2020〕31号）

8. 北京市住房和城乡建设委员会《关于加强施工现场办公区疫情防控工作的通知》发布日期2020.02.19（京建发〔2020〕32号）

9. 北京市住房和城乡建设委员会《关于进一步做好本市启动突发公共卫生事件一级响应机制期间建筑施工企业安全生产许可证审批工作的通知》发布日期2020.02.20

10. 北京市住房和城乡建设委员会《关于进一步加强新冠肺炎疫情防控期间施工现场管理的通知》发布日期 2020.02.23（京建发〔2020〕47 号）

11. 北京市住房和城乡建设委员会《关于印发〈施工现场新型冠状病毒突发疫情应急预案〉的通知》发布日期 2020.02.23（京建发〔2020〕46 号）

12. 北京新型冠状病毒肺炎疫情防控工作领导小组办公室《北京新型冠状病毒肺炎疫情防控工作领导小组办公室关于加强对各单位保洁、保安、物业、食堂、维修维护等后勤物业工作人员防控新冠肺炎疫情工作的通知》

（二）劳动关系

1. 北京市人力资源和社会保障局《关于做好疫情防控期间维护劳动关系稳定有关问题的通知》发布日期 2020.01.23（京人社劳字〔2020〕11 号）

2. 北京市人力资源和社会保障局《关于进一步做好疫情防控期间本市人力资源和社会保障相关工作的通知》发布日期 2020.01.31

3. 北京市人力资源和社会保障局《关于做好新型冠状病毒肺炎疫情防控期间稳定劳动关系支持企业复工复产的实施意见》发布日期 2020.02.19（京人社劳字〔2020〕23 号）

4. 北京住房公积金管理中心《关于妥善应对新冠肺炎疫情落实住房公积金阶段性支持政策的通知》发布日期 2020.02.27（京房公积金发〔2020〕9 号）

三、部分省份建设行政主管部门涉及防控费用负担及工程价款调整的指导意见（排名不分先后）

（一）浙江省住房和城乡建设厅《关于全力做好疫情防控支持企业发展的通知》（浙建办〔2020〕10 号）

（二）云南省住房和城乡建设厅《关于新冠肺炎疫情防控期间建设工程造价计价有关事项的通知》（云建科函〔2020〕5 号）

（三）湖南省住房和城乡建设厅《关于新冠肺炎疫情防控期间建设工程计价有关事项的通知》（湘建价函〔2020〕7 号）

（四）江苏省住房和城乡建设厅《关于新冠肺炎疫情影响下房屋建筑与市政基础设施工程施工合同履约及工程价款调整的指导意见》（苏建价〔2020〕20 号）

（五）陕西省住房和城乡建设厅《关于新型冠状病毒肺炎疫情防控期间建设工程计价有关的通知》（陕建发〔2020〕34 号）

（六）四川省住房和城乡建设厅《关于加强疫情防控积极推进建设工程项目复工的通知》

（七）山东省住房和城乡建设厅《关于新型冠状病毒肺炎疫情防控期间建设工程计价有关事项的通知》（鲁建标字〔2020〕1号）

（八）贵州省住房和城乡建设厅《关于应对新冠肺炎疫情防控期间支持建筑企业复工复产若干措施的通知》（黔建建字〔2020〕24号）

（九）山西省住房和城乡建设厅《关于新型冠状病毒肺炎疫情防控期间建设工程计价有关工作的通知》（晋建标字〔2020〕15号）

（十）广西壮族自治区住房和城乡建设厅《关于新冠肺炎疫情防控期间建设工程计价的指导意见》（桂建发〔2020〕1号）

（十一）江西省住房和城乡建设厅《关于新冠肺炎疫情引起的房屋建筑与市政基础设施工程施工合同履约及工程价款问题调整的若干指导意见》（赣建价〔2020〕2号）

（十二）湖北省住房和城乡建设厅《关于新冠肺炎疫情防控期间建设工程计价管理的指导意见》

（十三）青海省住房和城乡建设厅《关于新冠肺炎疫情防控期间建设工程计价有关事项的通知》（青建工〔2020〕39号）

（十四）河南省住房和城乡建设厅《关于新冠肺炎疫情防控期间工程计价有关事项的通知》（豫建科〔2020〕63号）

（十五）海南省住房和城乡建设厅《关于新冠肺炎疫情期间建设工程计价有关事项的通知》

第三部分：部分省份高级人民法院与疫情相关民事案件指导意见或解答（排序不分先后）

（一）浙江省高级人民法院民一庭关于印发《关于规范涉新冠肺炎疫情相关民事法律纠纷的实施意见（试行）》的通知

（二）浙江省高级人民法院民二庭《关于审理涉新冠肺炎疫情相关商事纠纷若干问题解答》

（三）江苏省高级人民法院《关于为依法防控疫情和促进经济社会发展提供司法服务保障的指导意见》

（四）江苏省高级人民法院民事审判第一庭《关于规范涉新冠肺炎疫情相关民事法律纠纷的指导意见》

（五）广东省高级人民法院《关于依法审理新冠肺炎疫情防控期间民事行政案件的通告》

（六）上海市高级人民法院《关于涉新冠肺炎疫情案件法律适用问题的系列问答（一）》

（七）上海市高级人民法院《关于涉新冠肺炎疫情案件法律适用问题的系列问答（二）》

（八）上海市高级人民法院《关于涉新冠肺炎疫情案件法律适用问题的系列问答（三）》

（九）上海市高级人民法院《关于涉新冠肺炎疫情案件法律适用问题的系列问答（四）》

（十）湖北省高级人民法院《关于充分发挥审判职能为新型冠状病毒感染的肺炎疫情防控提供司法保障和服务的意见》

（十一）湖北省高级人民法院民二庭《关于印发〈关于审理涉及新型冠状病毒肺炎疫情商事案件若干问题的解答〉的通知》

（十二）湖南省高级人民法院《关于涉新型冠状病毒感染肺炎疫情案件法律适用若干问题的解答》

（十三）内蒙古自治区高级人民法院《关于审理涉新冠肺炎疫情民商事案件相关问题的指引》

（十四）陕西省高级人民法院《关于为做好疫情防控促进陕西经济社会发展提供有力司法服务和保障的意见》

（十五）安徽省高级人民法院《关于充分发挥审判职能作用为新冠肺炎疫情防控提供司法服务和保障的意见》

（十六）黑龙江省高级人民法院《关于充分发挥司法职能 支持企业应对疫情服务保障企业健康发展的意见》

（十七）四川省高级人民法院《关于充分发挥审判职能作用为打赢疫情防控阻击战提供有力司法保障的指导意见》

（十八）四川省高级人民法院民事审判第一庭《关于涉新冠肺炎疫情相关民事案件审理的法官会议纪要》

（十九）黑龙江省高级人民法院《关于审理涉新型冠状病毒肺炎疫情民商

事纠纷若干问题的指导意见（试行）》

（二十）黑龙江省高级人民法院《关于企业应对新型冠状病毒肺炎疫情法律风险告知书》

（二十一）福建省高级人民法院《关于充分发挥审判职能作用切实加强产权司法保护的实施意见》

（二十二）吉林省高级人民法院《关于充分发挥审判职能作用为依法防控疫情提供有力司法保障的意见》

（二十三）贵州省高级人民法院《关于规范涉新冠肺炎疫情相关民事法律纠纷审理的意见》

（二十四）广西壮族自治区高级人民法院民二庭《关于印发〈关于审理涉及新冠肺炎疫情民商事案件的指导意见〉的通知》

（二十五）新疆维吾尔自治区高级人民法院《关于应对疫情为企业健康发展提供司法保障的十二条意见》

（二十六）宁夏回族自治区高级人民法院《关于充分发挥审判职能作用为打赢疫情防控阻击战提供有力司法服务和保障的通知》

（二十七）海南省高级人民法院《关于充分发挥司法职能为防控新型冠状病毒疫情提供司法服务和保障的意见》

（二十八）山东省高级人民法院民一庭《涉疫情建设工程施工合同纠纷案件法官会议纪要》

参考文献

[1] 韩世远著. 合同法总论 [M]. 北京：法律出版社，2004.

[2] 崔建远著. 合同法总论 [M]. 北京：中国人民大学出版社，2014.

[3] 魏振瀛主编. 民法 [M]. 北京：北京大学出版社，2017.

[4] 王泽鉴著. 债法原理 [M]. 北京：北京大学出版社，2009.

[5] 沈德咏，奚晓明主编. 最高人民法院关于合同法司法解释（二）理解与适用.
[M]. 北京：人民法院出版社，2009.

[6] 崔建远. 论合同目的及其不能实现 [J]. 吉林大学社会科学学报，2015，55（3）：
40-50.

[7] 韩世远. 情势变更若干问题研究 [J]. 中外法学，2014，（3）：657-675.

[8] 王利明. 情势变更制度若干问题探讨 [J]. 法商研究，2019，（3）：3-10.

[9] 万方. 我国情势变更制度要件及定位模式之反思 [J]. 法学评论，2018，（6）：
57-66.

[10] 北京市第二中级人民法院课题组. 正确处理"非典"疫情构成不可抗力免责事
由案件 [J]. 法律适用，2003，（6）：8-10.

[11] 崔建远. 不可抗力条款及其解释 [J]. 环球法学评论，2019，（1）：48-57.

[12] 崔建远. 合同一般法定解除条件探微 [J]. 法律科学（西北政法大学学报），
2011，（6）：121-128.

后 记

"历史表明，凡是在人类建立了政治或社会组织单位的地方，他们都曾力图防止出现不可控制的混乱现象，也曾试图确立某种适于生存的秩序形式。人类的这种倾向乃深深地植根于整个自然结构之中，而人类生活则洽洽是该结构的一个组成部分。"①毫无疑问，不可抗力会给人们的生活、生产和交易活动带来某种混乱，而法律规则，尤其是不可抗力规则及情势变更规则可以把混乱状态拉回到某种秩序之中，让社会重回正轨。

但是，既有法律中的应对不可抗力规则是总结已经发生的不可抗力事件基础上形成的，对于新型不可抗力事件多有不适宜处，使得不可抗力规则恢复秩序的功能受到一定影响，亦增加了相关交易主体运用不可抗力规则规避和控制法律风险的难度。以本次新冠疫情为例，既有的法律规则对于如此大范围的不可抗力的影响，尤其是疫情防控措施和避险心理带来的影响，缺乏可直接适用的规则；现有的法律规则对于责任免除考虑较多，但对于不可抗力造成的损失承担无可直接适用的规则。

对于建筑企业来说，工程的建设具有周期长、资源投入大、受社会及自然环境影响大等特点，因此也容易遭受不可抗力的冲击，由于现有的法律对于新型不可抗力的规制和调整功能难以充分发挥，容易使得受到冲击的交易秩序失控，无法重回正轨。故此，建筑企业需要自行通过协议约定、协商谈判、内部管控、施工组织安排等措施来防范和控制相关法律风险。

---

① 【美国】博登海默：《法理学：法律哲学与法律方法》，邓正来译，中国政法大学出版社2017年版，第231页。

　　研究新型不可抗力事件的方法是经验和假设相结合的方法；研究目的是进行法律风险防控。研究的意义则在于，提前研究未来可能发生但尚未发生的新型不可抗力事件，模拟其可能发生的影响和可能引发的法律风险，从而事先进行防范，这种防范一方面体现在承包合同条款中提前进行风险分配与负担的合理安排；另一方面，体现在建筑企业在其内部管理制度及工程实施方案中作出某种可行的合理安排，以尽可能地规避未来可能产生的法律风险。

　　本书以新冠疫情作为新型不可抗力事件的典型案例，主要关注建筑企业在疫情影响下的法律业务需求，以相关法律规定、行政命令、政策文件、司法指导文件为依据，结合律师团队多年办案经验，便于建筑企业在应对新型不可抗力事件的法律风险时使用。我们在完成本书的过程中尽量使用非法律专业的工程专业人员能理解的叙述手法，以使建筑企业在处理并不复杂的争议时可直接使用，但如建筑企业所面对的争议复杂，或争议金额较大，我们仍建议建筑企业聘请专业工程律师及索赔专家进行处理。目前，国内疫情已经得到全面控制，各行各业也已经基本复工复产，但国外疫情仍然未得到有效控制，本书是在此背景下完成的。国外疫情对国内疫情的影响、对国内经济的影响、对大众心理的影响以及对国内政策的影响均有一定的不确定性。

　　由于本书主要以国内疫情现状和发展趋势为背景完成，虽对其他各种可能的情况有所考虑，但如国内疫情现状和发展趋势受国外疫情影响发生重大变化，本书中所提到的基本法学理论、法律适用原则和规则、处理索赔与反索赔的通常程序和方法、索赔和反索赔种类一般仍可使用，但具体问题的处理方案，索赔、反索赔的理由和证据，以及相应金额的计算都可能需要进行一定的调整。

　　如疫情的发展趋势发生超出我们预期的重大变化，本书中的相应内容可能需要进一步的解读、深化或完善，相应具体问题的处理可能需要进一步的分析和判断。如出现上述变化，读者对本书中所提到的具体问题有新的疑惑或有兴趣探讨的，可联系我们，联系邮箱：lunshan.lan@dentons.cn 或关注"工程合同纠纷专家"微信公众号，通过公众号与蓝仑山律师及本团队其他律师联系，公众号二维码如下：

本团队再次向读者朋友们表示感谢，祝大家身体健康、百毒不侵！

蓝仓山律师团队

2020 年 6 月 6 日